Das Alphabet

		名称	音価				名称	音価
A	a	[aː]	[aː] [a]		Ä	ä	[ɛː]	[ɛː] [ɛ]
B	b	[beː]	[b] [p]					
C	c	[tseː]	[k]					
D	d	[deː]	[d] [t]					
E	e	[eː]	[eː] [ɛ] [ə]					
F	f	[ɛf]	[f]					
G	g	[geː]	[g] [k]					
H	h	[haː]	[h] [ː]					
I	i	[iː]	[iː] [i] [ɪ]					
J	j	[jɔt]	[j]					
K	k	[kaː]	[k]					
L	l	[ɛl]	[l]					
M	m	[ɛm]	[m]					
N	n	[ɛn]	[n]					
O	o	[oː]	[oː] [ɔ]		Ö	ö	[øː]	[øː] [œ]
P	p	[peː]	[p]					
Q	q	[kuː]	[kv] (← qu)					
R	r	[ɛr]	[r]					
S	s	[ɛs]	[s] [z]					
T	t	[teː]	[t]					
U	u	[uː]	[uː] [ʊ]		Ü	ü	[yː]	[yː] [ʏ]
V	v	[faʊ]	[f] まれに [v]					
W	w	[veː]	[v]					
X	x	[ɪks]	[ks]					
Y	y	[ýpsilɔn]	[yː] [ʏ]					
Z	z	[tsɛt]	[ts]					
	ß	[ɛstsɛ́t]	[s]					

WEST
Deutsch

Takashi UEMURA
Daina TERASAWA

HAKUSUISHA

―― 音声ダウンロード ――

付属CDと同じ内容を、白水社ホームページ（http://www.hakusuisha.co.jp/download/）からダウンロードすることができます。（お問い合わせ先：text@hakusuisha.co.jp）

イラスト　　　　　鹿野理恵子
装丁・本文レイアウト　株式会社エディポック

は じ め に

　『ヴェスト　初級ドイツ語クラス』を手に取ってくださり、誠に有難うございます。本教科書は、週1回および週2回のドイツ語授業で使われることを想定して作成された初級者向けのドイツ語教科書です。全13課構成で、各課文法の説明が見開きの2頁、ダイアローグと練習問題が1頁ずつの計4頁となっております。

　より短時間の勉強でも効果が期待できるように、本教科書では文法説明の質を落とさずに様々な創意工夫を凝らしました。各課冒頭にキーセンテンスを掲げ、各課の文法説明の要点を簡単な問題で把握できる「要点をすばやく確認！」のコーナーを設置し、著者自身の経験より得られたドイツ語学習指南役Kompassを提示しました。また視覚的な学習効果を見込んで、見やすい表による説明を心がけました。

　また本書のダイアローグが扱う内容は、日本を訪れたドイツ人に日本の観光名所を案内するというテーマに従って書かれています。ドイツ人の名前はトーマス、日本人の案内役はメグミです。また各課のダイアローグは、それぞれ1つの物語になるようにまとめられています。物語には、実在する名所を採用しましたので、実際にその場へ観光に行って、学習したフレーズを試してみることも可能です。

　各課のコラムでは、ドイツ語圏の有名な観光名所を取り上げ、簡単な説明を付けました。文法を教える授業の合間に、ランデスクンデ(ご当地案内)として、これらのコラムをご活用いただければと思います。

　出版に際し、内容には十分配慮したつもりではございますが、先生方から忌憚のないご意見、ご指摘をいただけましたら誠に幸いでございます。

　最後に、本教科書の編集にあたり岩堀雅己氏をはじめ白水社の皆様にも、様々な側面でご助力とご鞭撻を賜りましたこと、心よりお礼申し上げます。

2017年　春

著　者

Inhalt

はじめに …… 3

Das Alphabet …… 6

動詞の現在人称変化 …… 10
コラム　Sieかduか

名詞の性・数・格／定冠詞と不定冠詞／
人称代名詞の格変化 …… 14
コラム　アレクサンダー広場

動詞の不規則変化／命令形／man …… 18
コラム　ケルン大聖堂

定冠詞類／不定冠詞類／時刻表現 …… 22
コラム　カーニバル／オクトーバーフェスト

前置詞／ja, nein, doch／数詞 …… 26
コラム　ノイシュヴァーンシュタイン城

形容詞の格語尾 …… 30
コラム　ドイツ料理

役に立つ表現　あいさつ表現ほか …… 34

Lektion 7 話法の助動詞／未来形 …… 36
コラム ノンベルク修道院

Lektion 8 分離・非分離動詞／接続詞の種類 …… 40
コラム ヒルシュガルテン

Lektion 9 再帰代名詞・再帰動詞／zu 不定詞 …… 44
コラム フランクフルト・アム・マイン

Lektion 10 動詞の３基本形／過去形・現在完了形 …… 48
コラム ケバブ

Lektion 11 受動態／比較表現 …… 52
コラム ハンブルク

Lektion 12 関係代名詞／関係副詞 …… 56
コラム バウハウス

Lektion 13 接続法 …… 60
コラム ミュンヘン

Kompass 一覧 …… 64
不規則変化表 …… 65

Das Alphabet

 CD 02

A	a	[aː]	P	p	[peː]
B	b	[beː]	Q	q	[kuː]
C	c	[tseː]	R	r	[ɛr]
D	d	[deː]	S	s	[ɛs]
E	e	[eː]	T	t	[teː]
F	f	[ɛf]	U	u	[uː]
G	g	[geː]	V	v	[faʊ]
H	h	[haː]	W	w	[veː]
I	i	[iː]	X	x	[ɪks]
J	j	[jɔt]	Y	y	[ýpsilɔn]
K	k	[kaː]	Z	z	[tsɛt]
L	l	[ɛl]	Ä	ä	[ɛː]
M	m	[ɛm]	Ö	ö	[øː]
N	n	[ɛn]	Ü	ü	[yː]
O	o	[oː]		ß	[ɛstsét]

● 発音の原則

1. ローマ字を読む要領で発音する
   Name［ナーメ］名前　　　　　　　　　minus［ミーヌス］マイナス
2. アクセントは第一母音に置く
   trinken［トリンケン］飲む　　　　　　Lampe［ランペ］ランプ
3. アクセントのある母音は、続く子音が1つならば長く、2つ以上ならば短く発音する
   Gas［ガース］ガス　　　　　　　　　Gast［ガスト］客

● 母音

a	［アー］［ア］	haben［ハーベン］持っている	alt［アルト］年老いた
i	［イー］［イ］	Kino［キーノ］映画館	bitte［ビテ］どうぞ
u	［ウー］［ウ］	Hut［フート］帽子	Luft［ルフト］空気
e	［エー］［エ］	Leben［レーベン］命、生活	Bett［ベト］ベッド
o	［オー］［オ］	Ofen［オーフェン］ストーブ	Post［ポスト］郵便局

発音しなさい　①Boden　②offen　③Bibel　④raten　⑤Ratte　⑥fallen

● 変母音（ウムラウト）

ä	［エー］［エ］	Träne［トレーネ］涙	Kälte［ケルテ］寒さ
ü	［ユー］［ユ］	müde［ミューデ］眠い、疲れた	Hütte［ヒュテ］小屋
ö	［エー］［エ］	hören［ヘーレン］聞く	können［ケネン］できる

発音しなさい　①hängen　②Übung　③dünn　④Öl　⑤Löffel

● 重母音

aa	［アー］	Haar［ハール］髪
ee	［エー］	Tee［テー］紅茶
oo	［オー］	Boot［ボート］ボート
母音+h		Bahn［バーン］鉄道

発音しなさい　①Aal　②Meer　③Moos　④gehen

● 複母音

au	［アオ］	Haus［ハオス］家
äu, eu	［オイ］	läuten［ロイテン］鳴る　　neu［ノイ］新しい
ei	［アイ］	Eis［アイス］氷
ie	［イー］	Liebe［リーベ］愛

発音しなさい　①Frau　②träumen　③treu　④Arbeit　⑤Brief

● 子音

ch	①a, u, o, auの後		
		Bach [バハ] 小川	Buch [ブーフ] 本
		Woche [ヴォヘ] 週	auch [アオホ] …もまた
	②それ以外のとき		
		ich [イヒ] 私	China [ヒーナ] 中国
		durch [ドゥルヒ] …を通して	München [ミュンヒェン] ミュンヘン
chs		Lachs [ラクス] 鮭	Fuchs [フクス] 狐
-ig(語末)		billig [ビリヒ] 安い	Honig [ホーニヒ] 蜂蜜
j		ja [ヤー] はい	Japan [ヤーパン] 日本
pf		Apfel [アプフェル] リンゴ	Kopf [コプフ] 頭

発音しなさい　①Pfeil　②jung　③Ochse　④König
　　　　　　　　⑤Nacht　⑥kochen　⑦Kuchen　⑧Milch

s＋母音	sagen [ザーゲン] 言う	Suppe [ズペ] スープ
	参考：Eis [アイス] 氷	
ss, ß	essen [エセン] 食べる	Fuß [フース] 足
sch	Englisch [エングリシュ] 英語	Fisch [フィシュ] 魚
sp-(語頭)	spielen [シュピーレン] 遊ぶ	Sport [シュポルト] スポーツ
st-(語頭)	Staat [シュタート] 国	Stein [シュタイン] 石

発音しなさい　①Sonne　②sehen　③Los　④Fluss
　　　　　　　　⑤Straße　⑥Schule　⑦Sprache　⑧Einstein

tsch	Deutsch [ドイチュ] ドイツ語	tschüs [チュ(ー)ス] じゃあね
tz, ts, ds	jetzt [イェツト] 今	nichts [ニヒツ] 何も…ない
	abends [アーベンツ] 夕方に	
v	voll [フォル] いっぱいの	viel [フィール] たくさんの
w	Wagen [ヴァーゲン] 車	wohnen [ヴォーネン] 住む
z	Zeit [ツァイト] 時間	zwei [ツヴァイ] 2

発音しなさい　①Rutsch　②Katze　③rechts　④Auslandsreise
　　　　　　　　⑤Vieh　⑥Wein　⑦zahlen

-b(語末)	halb [ハルプ] 半分	Dieb [ディープ] 泥棒	
	参考：bleiben [ブライベン] 留まる		
-d(語末)	Kind [キント] 子供	und [ウント] …と…	
	参考：du [ドゥー] 君は		
-g(語末)	Tag [ターク] 日	Weg [ヴェーク] 道	
	参考：glauben [グラオベン] 信じる		
dt	Stadt [シュタト] 町		

発音しなさい ①Korb-Körbe　②Hund-Hunde　③Krieg-Kriege　④Schmidt

x	Taxi [タクシー] タクシー	Alex [アーレクス] アレックス(人名)	
r	Regen [レーゲン] 雨	trocken [トロッケン] 乾いた	

※ただし語末のrは母音化して発音されることが多い。
　例：Vater [ファーター] 父　　vier [フィーア] 4　　Wasser [ヴァサー] 水

発音しなさい ①Hexe　②Rot　③Mutter

● **外来語**

1. アクセントが後ろに来るものがある
   Musik [ムズィーク] 音楽　　　　　Student [シュトゥデント] 学生
2. ie が [イエ] となるものがある
   Familie [ファミーリエ] 家族　　　Spanien [シュパーニエン] スペイン
3. ti を [ツィ] と読む
   Lektion [レクツィオーン] 課　　　Nation [ナツィオーン] 国民

発音しなさい ①Präsident　②Italien　③Kommunikation

発音しなさい　数字の０〜90で発音練習しよう。

0 null	1 eins	2 zwei	3 drei	4 vier	5 fünf	6 sechs
7 sieben	8 acht	9 neun	10 zehn	11 elf	12 zwölf	

13 dreizehn	14 vierzehn	15 fünfzehn	16 sechzehn
17 siebzehn	18 achtzehn	19 neunzehn	20 zwanzig
21 einundzwanzig	22 zweiundzwanzig	23 dreiundzwanzig	

30 dreißig	40 vierzig	50 fünfzig	60 sechzig
70 siebzig	80 achtzig	90 neunzig	

Lektion 1 動詞の現在人称変化

- Ich heiße Megumi.
- Arbeitest du schon?
- Woher kommst du?

CD 25

Grammatik

1 動詞の現在人称変化

● 不定詞（不定形）

　動詞の原形のことをドイツ語では不定詞（または不定形）という。不定詞は語幹と語尾に分かれる。語尾はどの動詞にも共通して -en（一部の動詞は -n）であり、語尾を除いた部分が語幹である。

例　kommen　来る　　　　　　　→　語尾は -en　語幹は komm-
　　heißen　　～という名前である　→　語尾は -en　語幹は heiß-
　　wohnen　住む　　　　　　　→　語尾は -en　語幹は wohn-
　　tun　　　する　　　　　　　→　語尾は -n　　語幹は tu-

● 主語になる人称代名詞

	単数		複数	
1人称	私は	ich	私たちは	wir
2人称（敬称）	あなたは	Sie	あなたたちは	Sie
2人称（親称）	君は	du	君たちは	ihr
3人称	彼は	er	彼らは	sie
	彼女は	sie	彼女らは	
	それは	es	それらは	

※ ich は文頭に来る場合を除いて、頭文字を小文字書きにすることに注意。
※ 2人称には親称の du, ihr と敬称の Sie（単数複数同形で、頭文字は常に大文字書き）の2種類がある。du, ihr は家族や友人など親しい相手に対して用い、Sie は初対面などまだ親しくない相手に対して用いる。

● 定動詞（定形）⇔不定詞（不定形）

　ドイツ語の動詞は主語に応じて形が変化する（動詞の現在人称変化）。人称変化した動詞のことを定動詞（または定形）という。定動詞＝語幹（不変）＋語尾（主語によって変化）

	単数		複数	
1人称	ich komme	私は来る	wir kommen	私たちは来る
2人称（敬称）	Sie* kommen	あなたは来る	Sie* kommen	あなたたちは来る
2人称（親称）	du kommst	君は来る	ihr kommt	君たちは来る
3人称	er	彼は来る	sie kommen	彼らは来る
	sie kommt	彼女は来る		彼女らは来る
	es	それは来る		それらは来る

Kompass①
ドイツ語の基本は主語＋定動詞。定動詞の形は主語が決める

※ 2人称敬称の Sie はもともと3人称複数の sie から派生したものであるため、人称変化の語尾は sie「彼らは」とまったく同じである。

2 動詞の現在人称変化（語尾が特殊なもの）

- finden「見つける」、arbeiten「働く」など語幹がd, tで終わる動詞は、du, er / sie / es, ihrのところで、語幹と語尾のあいだに口調上のeを挟む

ich arbeite	wir arbeiten
Sie arbeiten	Sie arbeiten
du arbeit**e**st	ihr arbeit**e**t
er/sie/es arbeit**e**t	sie arbeiten

- heißen「～という名前である」、tanzen「踊る」など語幹が歯音（[ス][ツ]の音）で終わる動詞は、duのところの語尾がstではなくtになる

ich heiße	wir heißen
Sie heißen	Sie heißen
du heiß**t**	ihr heißt
er/sie/es heißt	sie heißen

3 ドイツ語の語順　最重要　定動詞第2位の法則

ドイツ語の語順の最重要ポイントは、定動詞を文の2番目の位置に持ってくることである。

Er **kommt** heute. 彼は今日来ます。　　Heute **kommt** er. 今日彼は来ます。　どちらでもOK!

ただしこの法則は単語単位ではなく、意味の固まりとしてとらえること。

Kompass②
定動詞は2番目に

Heute Abend **kommt** er. 今晩彼は来ます。

疑問詞を用いた疑問文の場合にも、この法則は適用される。
　※was 何　wo どこ　woher どこから　wohin どこへ　wer 誰が　wann いつ　wie どのように　warum なぜ

Wann **kommt** er? いつ彼は来ますか？

ただし、疑問詞のない疑問文の場合は、文頭に定動詞が来て、定動詞→主語の順になる。

Kommt er heute? 彼は今日来ますか？

4 特殊な現在人称変化 sein（英：be）

ich	**bin**	wir	**sind**
Sie	**sind**	Sie	**sind**
du	**bist**	ihr	**seid**
er/sie/es	**ist**	sie	**sind**

要点をすばやく確認！

次の①と③は主語に合わせて動詞を変化させなさい。②は正しい選択肢を○で囲みなさい。

①Ich (*kommen*). Du (*kommen*). Ihr (*kommen*).　＿＿＿＿＿＿＿＿＿＿＿

② a. 1人のクラスメートに話しかけるとき　du / ihr / Sie
　 b. 複数のクラスメートに話しかけるとき　du / ihr / Sie
　 c. 先生に話しかけるとき　du / ihr / Sie

③Er (*reden*). Du (*sitzen*). Du (*sein*) Student. Wir (*sein*) Lehrer.　＿＿＿＿＿＿

間違えているのはどれか。
④Heute kommt er. / Er heute kommt. / Er kommt heute.

ドイツ語に訳しなさい。
⑤ a. 彼は今日来ますか？　　b. 彼はいつ来ますか？　＿＿＿＿＿＿＿＿＿＿

11

Dialog CD 26

▶出会いと自己紹介

Thomas: Hallo, ich heiße Thomas. Und du? Wie heißt du?

Megumi: Ich heiße Megumi. Woher kommst du?

Thomas: Ich komme aus Deutschland, aus Berlin. Und du?

Megumi: Ich komme aus Osaka und wohne jetzt in Kyoto*¹. Arbeitest du schon?

Thomas: Nein, ich bin noch Student. Ich studiere Japanologie*². Du bist auch noch Studentin, oder?

Megumi: Genau. Ich studiere Germanistik*³ in Kyoto.

---

*¹ undを挟んで後半の部分は、前半と共通の主語ichが省略されている。
*² Japanologie: 日本文化研究
*³ Germanistik: ドイツ文化研究

In Deutschland ... **Sieかduか**

Sieは敬語表現、duはいわゆる「タメ口」。両者の使い分けはおおよそこのように考えれば問題ありませんが、意外なところでは神様に向かっては、SieではなくduをSie使います。というのもSieかduかは、厳密にいえば互いの心理的な距離感の問題であり、神様は誰よりも自分の近くにいてくれる存在との思いからduを使うようです。

Übungen

1 日本語に訳し分けなさい。 CD 27

a. Was trinkst du? / Was trinkt ihr? / Was trinken Sie?

b. Trinken Sie Kaffee? / Trinken sie Kaffee? / Trinkt sie Kaffee?

2 ( )内の不定詞を定動詞にしなさい。 CD 28

a. Ich (*lernen*) Deutsch. Du (*lernen*) Englisch.
 Was (*lernen*) Megumi? Was (*lernen*) Megumi und Thomas?

b. (*Kommen*) du heute?

c. Wir (*studieren*) Jura. Was (*studieren*) ihr?

d. (*Tanzen*) du oft? — Nein, aber Megumi (*tanzen*) oft.

e. (*Arbeiten*) er heute? — Nein, er (*sein*) heute zu Hause.

f. (*Sein*) Sie Student? — Ja, ich (*sein*) Student.

g. Wir (*sein*) Japaner. (*Sein*) ihr auch Japaner?

h. Ich (*sein*) Japaner. Du (*sein*) auch Japaner.

3 与えられた語を並べ替えて、日本語の文に合うように適切な形に変えなさい。 CD 29

a. 彼らは明日の晩、ドイツにやってきます。 ※morgen Abendを文頭に
 [morgen Abend, sie, nach Deutschland(ドイツに), kommen]

b. 私は大学生(女性)です。ベルリンで法律を専攻しています。
 [Studentin, ich, sein / ich, studieren, in Berlin(ベルリンで), Jura]

c. トーマスは一生懸命に働いていますか？ 彼はどこに住んでいますか？
 [Thomas, fleißig, arbeiten / wo, er, wohnen]

d. 君、なんていう名前？ —僕はトーマスだよ。 [wie, heißen, du / ich, sein, Thomas]

e. アンナとミホは勤勉です。ミホは法律を専攻していて、ドイツ語を学んでいます。
 [Anna, Miho, und, fleißig, sein / Miho, lernen, Jura, und, studieren, Deutsch]

Lektion 2

名詞の性・数・格／定冠詞と不定冠詞／人称代名詞の格変化

- Wir haben auch einen Turm.
- Ich schicke es dir später.

CD 30

Grammatik

1 名詞の性・数

1．単数名詞は**男性・女性・中性のいずれかの性を持っている**。
2．名詞の性の違いは主として**冠詞によって表わされる**。(詳細は以下の「**2 名詞の格**」を参照のこと)
3．複数名詞では性の区別が解消される。なお複数形の作り方は以下の5パターンに分類される。

	単数	複数
①無語尾型	Lehrer(教師), Mutter(母)	➡ Lehrer, Mütter
②-e 型	Hund(犬), Sohn(息子)	➡ Hunde, Söhne
③-er 型	Kind(子供), Buch(本)	➡ Kinder, Bücher
④-(e)n 型	Uhr(時計), Katze(猫)	➡ Uhren, Katzen
⑤-s 型	Handy(携帯電話)	➡ Handys

2 名詞の格

1．文の中で名詞が担っている役割のことを**格という。ドイツ語には4つの格がある**。おおよそ次のように使い分ける。

　　1格：主語（〜は、が）　　2格：所有（〜の）
　　3格：間接目的語（〜に）　4格：直接目的語（〜を）

2．格は主として冠詞の形で示される。冠詞には、**定冠詞と不定冠詞の2種類がある**。

〈定冠詞〉定冠詞はすでに知られている名詞に付加され、「その」と訳されることが多い。

	男性 Vater 父親	女性 Mutter 母親	中性 Kind 子供	複数 Kinder 子供たち
1格	der Vater	die Mutter	das Kind	die Kinder
2格	des Vaters	der Mutter	des Kind[e]s	der Kinder
3格	dem Vater	der Mutter	dem Kind	den Kindern
4格	den Vater	die Mutter	das Kind	die Kinder

- 複数名詞では性の区別はない。
- 男性名詞、中性名詞の2格には –[e]s が付く。
- 複数名詞の3格には –n が付く。
- 男性名詞以外は1格と4格が同形。

　　Der Vater liebt **die Mutter. Die Mutter** liebt auch **den Vater.**
　　その父親はその母親を愛している。その母親もその父親を愛している。
　　Der Name des Kindes ist Hans.　その子供の名前はハンスです。
　　Den Brief schreibt **das Kind dem Vater.**　その手紙をその子供はその父親に書く。
　　Die Kinder helfen **dem Vater.**　その子供たちはその父親を手伝う。
　　　　　　└─ ※3格の目的語を取ることに注意

〈不定冠詞〉不定冠詞は話に初めて出てくる不特定の（知られていない）名詞に付加される。

	男性 Vater 父親	女性 Mutter 母親	中性 Kind 子供
1格	ein△　Vater	eine　Mutter	ein△　Kind
2格	eines　Vaters	einer　Mutter	eines　Kind[e]s
3格	einem　Vater	einer　Mutter	einem　Kind
4格	einen　Vater	eine　Mutter	ein△　Kind

名詞の性数（男性・女性・中性・複数）と格（1～4格）が冠詞の形を決定する

※男性名詞・中性名詞の2格に注目（定冠詞と同じ）。
※不定冠詞には「1つの」という意味が含まれるため、複数形は存在しない。
※男性名詞1格と中性名詞1・4格には語尾が付かない（△の箇所）。

Ein Kind schreibt **einer Frau einen Brief.**　ある子供がある女性に1通の手紙を書く。
Das ist das Auto **eines Vaters.**　それはある父親の車です。

3 人称代名詞の格変化

人称代名詞は以下のように格変化する（2格は現在ではあまり使用されないので省略）。

〈単　数〉	私	あなた	君	彼	彼女	それ
1格（～は、が）	ich	Sie	du	er	sie	es
3格（～に）	mir	Ihnen	dir	ihm	ihr	ihm
4格（～を）	mich	Sie	dich	ihn	sie	es

〈複　数〉	私たち	あなたたち	君たち	彼ら、彼女ら、それら
1格（～は、が）	wir	Sie	ihr	sie
3格（～に）	uns	Ihnen	euch	ihnen
4格（～を）	uns	Sie	euch	sie

※頭文字は大文字

Er schenkt **ihr** einen Schal.　彼は彼女に1つのスカーフを贈る。
Ihr schenkt **mir** einen Schal.　君たちは私に1つのスカーフを贈る。
Wir helfen **ihm**.　私たちは彼を助ける。
Ich liebe **dich**.　私は君を愛している。
Du liebst **ihn**.　君は彼を愛している。

要点をすばやく確認！

（　）内の冠詞を正しい形に直しなさい。
①Der Vater schenkt (*das*) Kind den Hund. (*Der*) Hund ist sehr groß.
　Das ist der Hund (*das*) Kindes.
②Die Mutter schenkt (*die*) Kindern das Geschenk.
③Da ist (*ein*) Vater. Der Vater schenkt (*ein*) Kind einen Hund.

下線部を人称代名詞にしなさい。
④Der Vater liebt die Mutter.
⑤Das Kind fragt die Eltern. Die Eltern helfen dem Kind.

Dialog

▶テレビ塔

Megumi und Thomas erreichen den Kyoto-Bahnhof.

Megumi: Wir sind jetzt in Kyoto!

Thomas: Oh, da ist ein Turm. Wie heißt der Turm?*¹ Ich finde den Turm sehr schön.

Megumi: Er heißt, „Kyoto Tower". Da gibt es*² ein Hotel und ein Restaurant.

Thomas: Ja, ich mache ein Foto. Ich schicke es dir*³ später.

Megumi: Danke! Gibt es auch in Berlin einen Turm?

Thomas: Ja, natürlich! Wir haben auch einen Turm. Er heißt „Berliner Fernsehturm".

*¹ Wie heißt / heißen + 1格名詞（主語）
→ ある事物の名称や、ある人の氏名を聞くときに使う表現。

*² Es gibt + 4格 → 「～がある」というように、ある人・ある事物の存在を表現する。（英語のthere is, there areに相当）名詞を4格で使用することに注意！

*³ 目的語が2つある場合の語順は次のとおり：
①両方とも人称代名詞：4格－3格
②一方が名詞で一方が人称代名詞：
　格にかかわりなく人称代名詞－名詞
③両方とも名詞：基本的には3格－4格

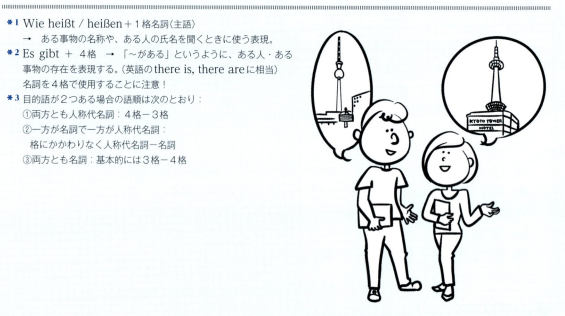

In Deutschland ... アレクサンダー広場（der Alexander Platz）

　1805年10月25日のロシア皇帝アレクサンドル1世の訪問を祝うかたちで名付けられた広場です。現在では「アレックス（Alex）」という愛称で呼ばれ、ポツダム広場と並び、ベルリンの繁華街のひとつです。近くにはテレビ塔、ベルリン大聖堂、そして赤の市庁舎があります。広場にある「ウーラニアー世界時計」は、待ち合わせスポットとして利用されています。

Übungen

1 次の名詞の性と複数形(1格)を言いなさい。　CD 32
　a. Zug　**b.** Information　**c.** Hotel　**d.** Bahnhof　**e.** U-Bahn　**f.** Bus　**g.** Haus　**h.** Tempel

2 (　　)内の語を人称代名詞にしなさい。　CD 33
　a. Heute ist Frau Fischers Geburtstag. Ich schenke (*Frau Fischer*) ein Buch.
　b. Hier wohnen eine Mutter und ein Kind. (*Die Mutter*) heißt Anna.
　　(*Das Kind*) heißt Markus.
　c. Hier ist eine Mütze. (*Die Mütze*) gehört einem Kind.
　d. Die Lehrerinnen helfen dem Kind. (*Das Kind*) liebt (*die Lehrerinnen*) sehr.
　e. Ein Junge liebt ein Mädchen. Der Junge schenkt (*dem Mädchen*) eine Blume.
　f. Dort steht ein Haus. (*Das Haus*) ist groß und gehört einem Mann. Eine Katze ist auch
　　da. (*Der Mann*) liebt (*die Katze*) sehr. Sie bekommt immer Futter. Sie ist deshalb dick.
　　(*Der Mann und die Katze*) sind immer zusammen.

3 与えられた語を並び替えて、日本語の文に合うように適切な形に変えなさい。　CD 34
　a. その野菜は何と言いますか？　— これは「白アスパラガス」と言います。
　　[das Gemüse, heißen, wie / „Weißer Spargel", heißen, es]

　b. ここに公園はありますか？　[ein Park, es, hier, geben]

　c. その宿題はとても難しい。その生徒は兄に尋ねる。
　　[die Aufgabe, sehr, sein, schwer / fragen, der Schüler, der Bruder]

　d. その父親はその子供にそのおもちゃを贈る。
　　[schenken, der Vater, das Spielzeug, das Kind]

　e. その母親はその娘に道を教える。　[die Mutter, die Tochter, der Weg, zeigen]

　f. ある子供がある少女に手紙を送る。　[ein Brief, ein Kind, ein Mädchen, schicken]

　g. ハンスとアンナは夫婦である。　[sein, Hans und Anna, ein Paar]

Lektion 3 動詞の不規則変化／命令形／man

- Wie fährt man dorthin?
- Frag die Menschen da!

CD 35

Grammatik

1 動詞の現在人称変化（不規則変化）

幹母音（語幹の母音）が変化する不規則動詞がいくつかある。
ただしduとer/sie/esの2か所で不規則なだけで、他は規則動詞とまったく同じである。

A a ➡ ä：fahren（乗り物で行く）, schlafen（眠る）, tragen（運ぶ）など

ich	fahre	wir	fahren
Sie	fahren	Sie	fahren
du	f**ä**hrst	ihr	fahrt
er/sie/es	f**ä**hrt	sie	fahren

B e ➡ i：geben（与える）, helfen（手伝う）, sprechen（話す）など

ich	spreche	wir	sprechen
Sie	sprechen	Sie	sprechen
du	spr**i**chst	ihr	sprecht
er/sie/es	spr**i**cht	sie	sprechen

C e ➡ ie：empfehlen（勧める）, lesen（読む）, sehen（見る）など

ich	sehe	wir	sehen
Sie	sehen	Sie	sehen
du	s**ie**hst	ihr	seht
er/sie/es	s**ie**ht	sie	sehen

例外 特殊な現在人称変化：haben（持っている）

ich	habe	wir	haben
Sie	haben	Sie	haben
du	hast	ihr	habt
er/sie/es	hat	sie	haben

Kompass ❹
不規則変化：不規則なのは du と er/sie/es の2か所だけ

要点をすばやく確認！

主語に合わせて動詞を人称変化させなさい。
① Du (*fahren*). / Ihr (*sprechen*). / Du (*sehen*).
② Du (*haben*) einen Hund.
③ Ihr (*haben*) einen Hund.

2 命令形

(a) du に対する命令形は語幹 -〔e〕!

ただし不規則動詞のうち **1** の **B** と **C** のパターンのものは、du の現在人称変化の語尾を取り去った形を用い、-e は付けない。（**1** の **A** のパターンは普通の動詞と同じく、語幹 -〔e〕!）

kommen	→	Komm〔e〕!
fahren	→	Fahr〔e〕! （パターン **1** **A**）
sprechen	→	Sprich! （パターン **1** **B**）
sehen	→	Sieh! （パターン **1** **C**）

(b) ihr に対する命令形は、語幹 -t!（ihr の現在人称変化と同形）

kommen	→	Kommt!
fahren	→	Fahrt!
sprechen	→	Sprecht!
sehen	→	Seht!

(c) Sie に対する命令形は、語幹 -en + Sie!

kommen	→	Kommen Sie!
fahren	→	Fahren Sie!
sprechen	→	Sprechen Sie!
sehen	→	Sehen Sie!

Kompass ⑤
命令形：du は語幹 -〔e〕、ihr は語幹 -t、Sie は語幹 -en + Sie

例外 sein
du に対して：Sei!
ihr に対して：Seid!
Sie に対して：Seien Sie!

3 man

一般的に「人」を意味する代名詞で、3人称単数扱いである。Mann との違いに注意すること。また man を er で受けることはできず、man を繰り返す。

In Deutschland trinkt **man** gern Bier.
ドイツではビールが好んで飲まれる。

In Japan spricht **man** Japanisch. Und in der Schule lernt **man** Englisch.
日本では日本語が話される。そして、学校では英語を学ぶ。

要点をすばやく確認!

④ fahren の命令形を作りなさい。（du に対して）
⑤ sehen の命令形を作りなさい。（du に対して）
主語に合わせて動詞を人称変化させなさい。
⑥ Wie (*kommen*) man dorthin?

 **Dialog** CD 36

▶歴史的建築物

Thomas: Morgen fahre ich zum Kiyomizu Tempel[*1].

Megumi: Du fährst zum Kiyomizu Tempel! Das ist toll! Viel Spaß!

Thomas: Danke! Wie fährt man dorthin? Hast du einen Stadtplan?

Megumi: Ja, natürlich! Sieh hier mal! Der Bus 12 fährt dorthin. Die Haltestelle heißt „Kiyomizudera".

Thomas: Und danach?

Megumi: Frag die Menschen da[*2]! Kein Problem! Du sprichst so gut Japanisch.

[*1] zum Kiyomizu Tempel: 清水寺へ
[*2] da: そこの、そこにいる

In Deutschland ... ケルン大聖堂（der Kölner Dom）

　ケルン中央駅を降りると目の前にそびえる、高さ157メートルの大聖堂。ゴシック様式の建築物としては世界最大で、1248年の着工以来、600年以上の年月をかけて1880年に完成されました。第二次世界大戦で空襲を受けるものの外観は損傷を免れ、1996年にはユネスコの世界遺産に登録。約500段のらせん階段で最上部まで上がると、ケルン市内が一望できます。

Übungen

1 現在人称変化させなさい。 CD 37

a. Das Auto (*fahren*) schnell.
b. (*Schlafen*) du immer lange?
c. Der Wind weht und ein Blatt (*fallen*).
d. Er (*sprechen*) sehr schnell.
e. Du (*helfen*) dem Kind.
f. Die Mutter (*geben*) ihm Taschengeld.
g. Megumi (*nehmen*) ein Taxi.
h. Du (*haben*) viel Geld.
i. Thomas (*haben*) morgen Zeit.

2 命令形にしなさい。 CD 38

a. (*Kommen*) sofort, Peter!
b. Hermann und Maximillian, (*schlafen*) gut!
c. Frau Schmitz, (*schlafen*) Sie bitte gut!
d. Thomas, (*sprechen*) hier nicht Deutsch!
e. Takuya und Rumi, (*sprechen*) viel Deutsch!
f. Megumi, (*sein*) fleißig!

3 与えられた語を並び替えて、日本語の文に合うように適切な形に変えなさい。 CD 39

a. トーマスは明日、ケルンに行きます。君たちはどこに行くの？
   [morgen, fahren, Thomas, nach Köln(ケルンに) / wohin, ihr, fahren]

b. ザビーネは映画を見るのが好きですか？
   — いいえ、彼女は映画を見るのが好きではありません。でも、本を読むのは好きです。
   [sehen, Sabine, gern, Filme / nein, nicht, sehen, sie, gern, Filme /
     lesen, aber, Bücher, sie, gern]

c. 一生懸命ドイツ語を学びなさい。そしてドイツに行きなさい。(ihrに対する命令)
   [lernen, fleißig, Deutsch / fahren, nach Deutschland(ドイツに), und]

d. 君、ドイツ語を学んでいるの？ たくさん読みなさい。そして、たくさん話しなさい。
   [du, lernen, Deutsch / lesen, viel / viel, sprechen, und]

e. ドイツではパンを食べます。 [in Deutschland(ドイツで), essen, man, Brot]

Lektion 4 定冠詞類／不定冠詞類／時刻表現

- Dieses Fest ist sehr berühmt.
- Meine Freundin ist schon da.

CD 40

 Grammatik

1 冠詞類 —— 定冠詞類と不定冠詞類

冠詞と同様に名詞の前に来て修飾するものを冠詞類と呼ぶ。冠詞類は、定冠詞類と不定冠詞類に分けられる。

1．定冠詞類は、定冠詞（第2課）と類似した変化をする。以下に例として、**dieser**（この）の変化を示す。

	男性	女性	中性	複数
	この父親	この母親	この子供	これらの子供たち
1格	dieser Vater	diese Mutter	dies**es** Kind	diese Kinder
2格	dieses Vaters	dieser Mutter	dieses Kind[e]s	dieser Kinder
3格	diesem Vater	dieser Mutter	diesem Kind	diesen Kindern
4格	diesen Vater	diese Mutter	dies**es** Kind	diese Kinder

※中性1格と中性4格は、定冠詞の語尾と異なるので注意。

定冠詞類に属するものには、他に以下のものがある。【すべて男性1格形】

jener（= 英*that*）あの〜　　　　　　solcher（= 英*such*）そのような
welcher（= 英*which*）どちらの〜？　aller（= 英*all*）すべての〜
jeder（= 英*every*）どの〜もみな【単数のみ】

Jeder Schüler hat einen Rucksack.　どの生徒もみな、リュックサックを持っている。
Welches Auto gefällt Ihnen?　どの車があなたのお気に入りですか？
Ich liebe **alle** Kinder.　私はすべての子供を愛する。

2．一方、不定冠詞類は、不定冠詞（第2課）と類似した変化をする。**ただし不定冠詞には複数が存在しないため、不定冠詞類の複数は定冠詞類の複数と同じ語尾を取る**。以下に例として、**mein**（私の）の変化を示す。

	男性	女性	中性	複数
	私の父親	私の母親	私の子供	私の子供たち
1格	mein△ Vater	meine Mutter	mein△ Kind	meine Kinder
2格	meines Vaters	meiner Mutter	meines Kind[e]s	meiner Kinder
3格	meinem Vater	meiner Mutter	meinem Kind	meinen Kindern
4格	meinen Vater	meine Mutter	mein△ Kind	meine Kinder

※不定冠詞と同じく、男性1格と中性の1・4格には語尾が付かない（△の箇所）。

ここに挙げたmein（私の）をはじめとする所有冠詞（私の、あなたの…）のほか、kein（ひとつも〜ない）も不定冠詞類に属する。

Ich habe **keinen** Anzug.　私はスーツを持っていない。

要点をすばやく確認!

① dieserは定冠詞類か不定冠詞類か。
② unserは定冠詞類か不定冠詞類か。
③ keinは定冠詞類か不定冠詞類か。

所有冠詞を以下、人称代名詞との対応関係で示す。【すべて男性1格形】

人称代名詞		所有冠詞	
ich	私は	mein	私の
Sie	あなたは	Ihr	あなたの
du	君は	dein	君の
er	彼は	sein	彼の
sie	彼女は	ihr	彼女の
es	それは	sein	それの
wir	私たちは	unser	私たちの
Sie	あなたたちは	Ihr	あなたたちの
ihr	君たちは	euer	君たちの
sie	彼らは、彼女らは、それらは	ihr	彼らの、彼女らの、それらの

Kompass ⑥
dieser の -er は語尾、
unser の -er は語尾ではない

① 彼の＝それの＝sein，彼女の＝彼らの＝ihr であることに注意。形は同じであり、どの意味になるのかは文脈による。

※ sein は動詞の sein（第1課）とも同形であるが、一方は冠詞類、もう一方は動詞で、使われ方が全く異なる。
　例：Er ist fleißig. / Sein Auto fährt schnell. 前者の sein(ist) は動詞、後者の sein は所有冠詞
※ ihr は人称代名詞の ihr とも同形であるが、一方は冠詞類、もう一方は人称代名詞で、使われ方が全く異なる。
　例：Ihr spielt Tennis. / Ihr Auto fährt schnell. 前者の ihr は人称代名詞、後者の ihr は所有冠詞

② Ihr（あなたの、あなたたちの）は頭文字が大文字であることに注意。

 Das ist das Auto **meines** Vaters.　これは私の父の車です。
 Ich schreibe **seinem** Vater einen Brief.　私は彼の父に手紙を書きます。
 Er kennt **unsere** Kinder gut.　彼は私たちの子供たちをよく知っている。

2 時を表わす表現

時間を訊く表現：Wieviel Uhr ist es? もしくは Wie spät ist es?
答え方は、公式（ニュースなど）と非公式（友人同士の会話など）の場合で異なる。

	公式	非公式
12:00	zwölf Uhr	zwölf
13:15	dreizehn Uhr fünfzehn	Viertel nach eins
13:30	dreizehn Uhr dreißig	halb zwei（2時半ではないことに注意！）
14:25	vierzehn Uhr fünfundzwanzig	fünf vor halb drei
14:35	vierzehn Uhr fünfunddreißig	fünf nach halb drei
15:45	fünfzehn Uhr fünfundvierzig	Viertel vor vier (drei Viertel vier)
16:00	sechzehn Uhr	vier

・「～時に」を表わす表現には「um＋時刻」を用いる。
 Um acht Uhr dreißig kommt er hierher.　彼は8時半にここに来る。
・「～時頃」というように、おおよその時刻を表現するには「gegen＋時刻」を用いる。
 Er kommt **gegen** sieben Uhr.　彼は7時ごろに来る。

要点をすばやく確認！

④ dieser Hund の4格を言いなさい。
⑤ unser Hund の4格を言いなさい。
⑥「18時半」を、公式および非公式の時間表示で言いなさい。

Dialog

▶祭り

Thomas: Oh, dort kommt ein Festwagen! Gibt es heute ein Fest?

Megumi: Ja, dieses Fest ist sehr berühmt. Es heißt „Gion-Matsuri".

Thomas: Ah, Gion-Matsuri. Das Fest ist besonders schön, nicht wahr?

Megumi: Ja. Deswegen gibt es hier viele Besucher. Es ist jetzt halb zehn. Meine Freundin ist schon da. Kommst du auch?

Thomas: Ja, gern.

In Deutschland ... カーニバル（Karneval）／オクトーバーフェスト（Oktoberfest）

　ドイツを代表するお祭りといえば、「カーニバル」と「オクトーバーフェスト」の2つが挙げられます。「カーニバル」は、カトリックなど西方教会圏に見られるお祭りで、もともとは聖職者が断食に入る前に行った宴会に由来します。「薔薇の月曜日」Rosenmontagと呼ばれる日には様々な仮装をした人々が「ヘラーウ」helauや「アラフ」alaafと叫びながらお菓子をばらまく行事が催されます。

　そして今や日本でもお馴染みとなったビール祭りが「オクトーバーフェスト」です。このお祭りは、1810年10月に行われたバイエルン王国の皇太子ルートヴィヒとテレーゼ・フォン・ザクセン＝ヒルトブルクハウゼンの結婚式に由来しています。2015年には、およそ590万人の訪問者とおよそ750万リットルのビールが消費されました（oktoberfest.de 調べ）。

 Übungen

① 次の表の中の空白を補いなさい。　CD 42

a.

	男性	女性	中性	複数
1格		jene Frau		alle Bücher
2格	welches Film[e]s	jener Frau		
3格			jedem Buch	
4格				alle Bücher

b.

	男性	女性	中性	複数
1格		seine Frau		
2格				
3格	unserem Film			meinen Büchern
4格		seine Frau	ihr Buch	

② 日本語訳に合うよう、下線部に適切な冠詞類を入れなさい。　CD 43

a. _____ Mutter macht _____ Morgen einen Spaziergang. _____ Vater liest eine Zeitung und trinkt Kaffee.　彼女の母は毎朝散歩をする。彼女の父は新聞を読んでコーヒーを飲む。

b. Die Bedeutung _____ Wortes verstehe ich gar nicht. Morgen frage ich _____ Lehrer.
この単語の意味が私にはまったくわからない。明日、私の先生に質問する。

c. _____ Mensch ist da. Ach ja, heute ist Sonntag. Wir haben heute _____ Unterricht.
誰もいないぞ。ああ、今日は日曜日だ。今日は授業がないのだ。

d. A: Die Grammatik _____ Sprache ist schwer.　あなたたちの言語の文法は難しいですね。
B: Ja, _____ Leute sagen das.　はい、すべての人がそう言っています。

③ 与えられた語を並び替えて、日本語の文に合うように適切な形に変えなさい。　CD 44

a. このバスはそこには行きません。
[dieser Bus, dorthin, nicht, fahren]

b. これは彼の時計ですか。— いいえ、彼の父の時計です。
[sein(動詞), seine Uhr, das / das, sein(動詞), sein Vater, nein, die Uhr]

c. トーマスは何時に来ますか。— 4時15分頃に来ます。
[wieviel Uhr, Thomas, kommen, um / er, nach, kommen, vier, Viertel, gegen]

d. 私たちの電車はいつ来ますか。— 14時23分に来ます。
[unser Zug, wann, kommen / kommen, er, um, dreiundzwanzig, vierzehn Uhr]

Lektion 5 前置詞／ja, nein, doch／数詞

- Machen wir ein Foto am Teich!
- Sie treten an den Teich.

CD 45

Grammatik

1 前置詞

(a) 前置詞の格支配

ドイツ語の前置詞は後ろに伴う名詞の格を規定する。これを前置詞の格支配という。

・2格支配：statt ～の代わりに、trotz ～にもかかわらず、während ～のあいだ（時間的）、wegen ～ゆえに

  Trotz der Krankheit kommt sie.　病気にもかかわらず、彼女は来る。
  Wegen der Krankheit kommt sie nicht.　病気ゆえに、彼女は来ない。

・3格支配：aus ～の中から、bei ～のところに、mit ～と一緒に／～を使って、nach ～のあとで／～のほうへ、seit ～以来、von ～の、～から、zu ～へ

  Ich koche jeden Abend **mit ihm**.　私は毎晩彼と料理をする。
  Nach dem Abendessen höre ich Musik.　夕食の後で私は音楽を聴く。

・4格支配：durch ～を通って、für ～のために、gegen ～に反して、ohne ～なしに、um ～の周りに

  Ich lerne Deutsch **für die Zukunft**.　私は将来のためにドイツ語を学んでいる。
  Ohne deine Hilfe gelingt das Projekt nicht.　君の助けがなければそのプロジェクトは成功しない。

・3・4格支配：an ～のきわ、auf ～の上、hinter ～の後ろ、in ～の中、neben ～の横、über ～の上方、unter ～の下、vor ～の前、zwischen ～のあいだ（空間的）

重要 3・4格支配の前置詞の使い分け

・場所は3格：Die Katze ist **hinter der Tür**.
  その猫はドアの後ろにいる。

・方向は4格：Die Katze geht **hinter die Tür**.
  その猫はドアの後ろに行く。

Kompass ⑦
3・4格支配の前置詞
—— 場所は3格、方向は4格

(b) 前置詞と定冠詞の融合形

am (an dem), ans (an das), im (in dem), ins (in das), zum (zu dem), zur (zu der) 等

  Am Wochenende spielt er Tennis.　「週末に」彼はテニスをする。←指示性が弱い
  An dem Wochenende spielt er Tennis.　「その週末に」彼はテニスをする。←指示性が強い

(c) 前置詞と代名詞の融合形：da(r) +前置詞

dafür, davon, damit, danach, daran, darauf, darin, darüberなど（前置詞が母音で始まる場合にdarという形になる）

  Fahren Sie mit dem Zug?　— Ja, ich fahre **damit**.
  あなたは列車で行きますか。　はい、私は列車で行きます。
  Fahren Sie mit der Mutter?　— Ja, ich fahre **mit ihr**.
  あなたはお母さんと一緒に行きますか。　はい、私は彼女と一緒に行きます。←人の場合は融合形を使えない

2 ja, nein, doch

否定語を含まない疑問文に対しては、肯定の場合はja、否定の場合はneinで答える。

Bist du Japaner?　　— **Ja**, ich bin Japaner. / **Nein**, ich bin kein Japaner.
君は日本人なの？　　　　　うん、私は日本人だよ。／いいえ、私は日本人ではないよ。

Arbeitest du schon?　— **Ja**, ich arbeite schon. / **Nein**, ich arbeite noch nicht.
君はもう働いてるの？　　　うん、私はもう働いてるよ。／いいえ、私はまだ働いてないよ。

否定語（kein, nichtなど）が含まれる疑問文に対しては、肯定の場合はdoch、否定の場合はneinで答える。

Bist du kein Japaner?　　— **Doch**, ich bin Japaner. / **Nein**, ich bin kein Japaner.
君は日本人ではないの？　　　いいや、私は日本人だよ。／うん、私は日本人ではないよ。

Arbeitest du noch nicht?　— **Doch**, ich arbeite schon. / **Nein**, ich arbeite noch nicht.
君はまだ働いてないの？　　　いいや、私はもう働いてるよ。／うん、私はまだ働いてないよ。

3 数詞（90までは既習）

 CD 46

0	null	11	elf	21	einundzwanzig	101	(ein)hunderteins
1	eins	12	zwölf	22	zweiundzwanzig	102	(ein)hundertzwei
2	zwei	13	dreizehn	23	dreiundzwanzig	103	(ein)hundertdrei
3	drei	14	vierzehn	30	dreißig	200	zweihundert
4	vier	15	fünfzehn	40	vierzig	300	dreihundert
5	fünf	16	sechzehn	50	fünfzig	1000	(ein)tausend
6	sechs	17	siebzehn	60	sechzig	2000	zweitausend
7	sieben	18	achtzehn	70	siebzig	10000	zehntausend
8	acht	19	neunzehn	80	achtzig	100000	hunderttausend
9	neun	20	zwanzig	90	neunzig	1000000	eine Million
10	zehn			100	(ein)hundert	2000000	zwei Millionen

85　fünfundachtzig　　　　679　sechshundertneunundsiebzig
1483　(ein)tausendvierhundertdreiundachtzig

・年号の言いかた

1100年から1999年までは次のように言う：1998年　neunzehnhundertachtundneunzig
それ以外は数詞の読みかたと同じ：2017年　zweitausendsiebzehn

要点をすばやく確認！

（　）内の語を正しい形にしなさい。④は（　）内のいずれかを選びなさい。

①Von (*die Uni*) zum Bahnhof braucht man ungefähr eine Stunde.
②Um (*die Stadt*) gibt es eine Mauer.
③　a. Er geht in (*das Haus*).
　　b. Er steht in (*das Haus*).
④Lernen Sie nicht Deutsch? — (*Ja / Nein / Doch*), ich lerne Deutsch!
⑤1871（数詞）をドイツ語で言いなさい。
⑥1871年（年号）をドイツ語で言いなさい。

Dialog CD 47

▶観光地

Megumi: Das ist der Kinkakuji Tempel.

Thomas: In Kyoto ist er neben dem Kiyomizu Tempel sehr beliebt, nicht wahr?

Megumi: Genau. Am Wochenende besuchen ihn sehr viele Menschen. Er ist bei Touristen aus aller Welt beliebt.

Thomas: Wie alt ist der Tempel? Ich glaube, er ist nicht so alt.

Megumi: Doch! Er ist etwa 720 Jahre alt.

Thomas: Schon so alt? Er scheint mir ziemlich neu. Der Teich um das Hauptgebäude ist auch sehr schön!

Megumi: Machen wir ein Foto am Teich!

Sie treten an den Teich.

In Deutschland ... ノイシュヴァーンシュタイン城（Schloss Neuschwanstein）

　バイエルン州フュッセン郊外の森の中にそびえる白亜のノイシュヴァーンシュタイン城は、おそらくドイツ観光で最大の人気スポットでしょう。着工は1869年と比較的新しいのですが、まるでメルヘンの世界から抜け出してきたようなロマンチックなたたずまいは、ワグネリアン（音楽家ワグナーの心酔者）であったルートヴィヒ２世の中世へのあこがれが結晶したものと言われています。

Übungen

1 ( )内に適切な前置詞を補いなさい。 CD 48

a. Jeden Morgen geht Thomas ( ) den Park zum Bahnhof.
毎朝トーマスは公園を通って駅に行く。

b. ( ) der Sommerferien lernt sie fleißig Deutsch.
夏休みのあいだ彼女は熱心にドイツ語を学ぶ。

c. ( ) dem Unterricht gehen wir zusammen ins Kino.
授業の後で私たちは一緒に映画館に行く。

d. Ich trinke Kaffee ( ) Milch, ( ) Zucker.
私はコーヒーをミルク入り、砂糖なしで飲む。

e. ( ) zwei Monaten studiere ich an der Uni.
2か月来、私は大学で学んでいる。

f. Ich fahre ( ) dem Zug zur Arbeit.
私は列車で仕事に行く。

2 ( )内の冠詞類を適切な形に変えなさい。 CD 49

a. Trotz (*der*) Regens spielen sie Fußball.
b. Ich arbeite fleißig für (*meine*) Kinder.
c. Wohnst du allein? — Nein, ich wohne bei (*meine*) Eltern.
d. Lukas denkt immer an (*seine*) Heimat.
e. Das Schiff fährt gegen (*der*) Strom.
f. Megumi steht auf (*der*) Berg und sieht auf (*die*) Stadt.

3 与えられた語を並び替えて、日本語の文に合うように適切な形に変えなさい。 CD 50

a. 君は君の友達といつも政治の話をしているの？ — そうだよ、いつもそれについて話しているよ。
[mit, sprechen, deine Freunde, du, immer, über Politik /
darüber, sprechen, ja, wir, immer]

b. 僕のところから君んちまでは、歩いてたったの５分だ。
[nur, man, fünf Minuten, zu Fuß, brauchen, von mir, zu dir]

c. 週末に私はいつもカフェに行く。 [gehen, immer, ins Café, ich, am Wochenende]

d. 私は夏には毎年、家族でノイシュヴァーンシュタイン城に行く。
[im Sommer, jedes Jahr, fahren, mit, ich, meine Familie, zum Schloss Neuschwanstein]

4 ja, nein, doch から( )に適切なものを選びなさい。 CD 51

a. Sind Sie kein Chinese? — ( ), ich bin Japaner.
b. Sind Sie kein Chinese? — ( ), ich bin Chinese.

Lektion 6 形容詞の格語尾

- Thomas und Megumi kommen zu einem traditionellen Restaurant in Kyoto.
- Das passt gut zum weißen Tofu!
- Die Beilagen sind auch ziemlich bunt, mit verschiedenen Gemüsen.

CD 52

Grammatik

1 形容詞の3つの用法：

・述語として（補足的用法）
　　Das Mädchen ist **schön**.　その少女は美しい。
・副詞として（副詞的用法）
　　Das Mädchen singt **schön**.　その少女は上手に歌う。
・付加語として（付加語的用法）
　　Das **schöne** Mädchen ist meine Nichte.　その美しい少女は私の姪です。

2 形容詞の語尾変化（付加語的用法）

付加語として用いられる場合は形容詞に語尾が付く。語尾は修飾する名詞の性・数・格に応じて変化する。形容詞の語尾変化には次の3つのタイプがある。

(a) 定冠詞（類）＋形容詞＋名詞　←（形容詞の前に定冠詞（類）がある時）：≪弱変化≫

	男	女	中	複
1格（…は、が）	der große Mann	die rote Tomate	das kleine Kind	die alten Strümpfe
2格（…の）	des großen Mann[e]s	der roten Tomate	des kleinen Kind[e]s	der alten Strümpfe
3格（…に）	dem großen Mann	der roten Tomate	dem kleinen Kind	den alten Strümpfen
4格（…を）	den großen Mann	die rote Tomate	das kleine Kind	die alten Strümpfe
意味	その大きい男	その赤いトマト	その小さい子供	その古い靴下

※青のアミカケ部分は-en、それ以外は-e

要点をすばやく確認！

① 次の形容詞の語尾を入れなさい。（形容詞の弱変化）
　a. jener schwarz＿＿＿ Hund（1格）
　b. der braun＿＿＿ Katze（2格）
　c. solchem rot＿＿＿ Gesicht（3格）
　d. diese alt＿＿＿ Bücher（4格）

(b) 形容詞＋名詞 ←（形容詞の前に冠詞（類）がない時）：≪強変化≫

	男	女	中	複
1格 (...は、が)	gut**er** Wein	frisch**e** Milch	kalt**es** Bier	gut**e** Eier
2格 (...の)	gut**en** Wein[e]s	frisch**er** Milch	kalt**en** Bier[e]s	gut**er** Eier
3格 (...に)	gut**em** Wein	frisch**er** Milch	kalt**em** Bier	gut**en** Eiern
4格 (...を)	gut**en** Wein	frisch**e** Milch	kalt**es** Bier	gut**e** Eier
意味	よいワイン	新鮮なミルク	冷たいビール	よい卵

※全体として定冠詞類の変化（22頁）：ただし男性2格・中性2格を除く

(c) 不定冠詞（類）＋形容詞＋名詞 ←（形容詞の前に不定冠詞（類）がある時）：≪混合変化≫

	男	女	中	複
1格 (...は、が)	ein rot**er** Rock	eine schwarz**e** Jacke	ein weiß**es** Hemd	meine neu**en** Schuhe
2格 (...の)	eines rot**en** Rock[e]s	einer schwarz**en** Jacke	eines weiß**en** Hemd[e]s	meiner neu**en** Schuhe
3格 (...に)	einem rot**en** Rock	einer schwarz**en** Jacke	einem weiß**en** Hemd	meinen neu**en** Schuhen
4格 (...を)	einen rot**en** Rock	eine schwarz**e** Jacke	ein weiß**es** Hemd	meine neu**en** Schuhe
意味	1着の赤いスカート	1着の黒い上着	1枚の白いシャツ	私の新しい靴

※男性1格・中性1・4格以外は≪弱変化≫と同じ

Kompass ⑧
形容詞の語尾は弱変化≒混合変化。
違うのは男性1格と中性1・4格だけ

参考 色の形容詞

blau 青い　braun 茶色の　gelb 黄色の　grün 緑色の　golden 金色の　grau 灰色の
rot 赤い　schwarz 黒い　silbern 銀色の　weiß 白い
※語尾変化しない色の形容詞もある：lila 藤色の　orange オレンジ色の　rosa バラ色の
roter Saft 赤いジュース　rosa Saft バラ色のジュース

要点をすばやく確認！

②次の形容詞の語尾を入れなさい。（形容詞の強変化）
　a. groß＿＿＿ Hunger（1格）　b. nett＿＿＿ Hilfe（2格）　c. heiß＿＿＿ Wasser（3格）
　d. interessant＿＿＿ Informationen（4格）

③次の形容詞の語尾を入れなさい。（形容詞の混合変化）
　a. dein neu＿＿＿ PC（1格）　b. ihrer alt＿＿＿ Uhr（2格）　c. einem grau＿＿＿ Pferd（3格）
　d. meine alt＿＿＿ Freunde（4格）

▶ 伝統料理

Thomas und Megumi kommen zu einem traditionellen Restaurant in Kyoto.

Megumi: Hier in Kyoto serviert man traditionelle Gerichte.

Thomas: Was nehmen wir?

Megumi: Lass uns*¹ „Yudofu" nehmen. Das ist ein traditionelles Tofu-Gericht.

(Das Yudofu kommt.)

Thomas: Dieses Geschirr finde ich schön. Das passt gut zum weißen Tofu!

Megumi: Die Beilagen sind auch ziemlich bunt, mit verschiedenen Gemüsen.

Thomas: Was ist das rote Gemüse?

Megumi: Das sind Rettich und Möhre. Wir nennen sie „Momiji-Oroshi*²".

*¹ 勧誘表現。英語の *let's* に相当。
*² 鷹の爪を使う紅葉おろしもあります。

In Deutschland ... ドイツ料理

ドイツの料理と言えば、アイスバイン(Eisbein)やソーセージ(Wurst)など肉料理(Fleischgerichte)がすぐに思い浮かびます。しかしながら、北部ではタラやサケを使った魚料理(Fischgerichte)が食べられていますし、白アスパラガスを代表として野菜料理(Gemüsegerichte)も多数存在します。レストランでは、ドイツ人の胃袋を満たすため、日本人には量が多すぎるくらい盛り付けられます。

Übungen

1 指示に従ってカッコ（　）内を適切な形にしなさい　CD 54

a. (*rot*) Wein（3格）　_____　　e. ihrer (*klein*) Jacke（3格）　_____

b. (*frisch*) Milch（2格）　_____　　f. der (*schwarz*) Katze（2格）　_____

c. ein (*deutsch*) Auto（1格）　_____　　g. sein (*weiß*) Anzug（1格）　_____

d. diesen (*gut*) Mann（4格）　_____　　h. meines (*alt*) Hauses（2格）　_____

2 以下の文を読んで、形容詞の語尾を入れなさい。　CD 55

a. Gisela kauft eine neu___ Bluse. Sie geht in ein groß___ Kaufhaus im Zentrum.
　Sie sieht eine blau___ Bluse. Die blau___ Bluse gefällt ihr.
　Ein jung___ und schick___ Verkäufer kommt zu ihr und empfiehlt ihr eine weiß___
　Hose. Die weiß___ Hose gefällt ihr auch.

b. Thomas und Megumi gehen in ein gemütlich___ Café.
　Thomas trinkt heiß___ Kaffee und Megumi trinkt kalt___ Milch.
　Der heiß___ Kaffee schmeckt sehr gut. Aber in der kalt___ Milch gibt es zu viel
　Zucker.

c. Sein rot___ Wagen gefällt ihm sehr gut. Dieser rot___ Wagen fährt sehr schnell.
　Unser schwarz___ Wagen fährt hingegen sehr langsam.

3 与えられた語を並び替え、日本語の文に合うように適切な形に変えなさい。　CD 56

a. そのタワーはとても高いです。　[der Turm, sehr, sein, hoch]

_____

b. 彼はいいサッカープレーヤーです。　[Fußballspieler, ein, er, gut, sein]

_____

c. 私はスーパーで黄色のカボチャ（複数）を買います。
　[im Supermarkt, Kürbisse, kaufen, gelb, ich]

_____

d. その赤い帽子の男の子がサトルの息子です。
　[sein, mit, der Junge, die rote Mütze, Satorus Sohn]

_____

e. 君はとても上手にピアノを弾くね。　[spielen, Klavier, gut, du, sehr]

_____

役に立つ表現

— あいさつ表現 —   CD 57

Hallo!　ハロー！

Guten Morgen.　おはよう。

Guten Tag.　こんにちは。

Guten Abend.　こんばんは。

Gute Nacht.　おやすみ。

Auf Wiedersehen.　さようなら。

Tschüs.　バイバイ。

Wie geht es dir?　— Danke. Es geht mir gut. Und dir?
調子どう？　　　　　ありがとう。元気だよ。君は？

　　　　　　　　　— Es geht mir nicht so gut.
　　　　　　　　　　あんまりよくないなぁ。

— 相手のことを尋ねる表現 —   CD 58

Wie heißt du?　— Ich heiße Thomas Müller.
名前は？　　　　　トーマス・ミュラーです。

Wie ist dein Name?　— Mein Name ist Anne Müller.
名前は？　　　　　　アンネ・ミュラーです。

Freut mich!　はじめまして！

Woher kommst du?　— Ich komme aus Berlin.
出身は？　　　　　　ベルリンだよ。

Wo wohnst du?　— Ich wohne in Berlin.
どこに住んでるの？　ベルリンだよ。

Was machst du?　— Ich bin Student. / Ich bin Studentin.
何してるの？　　　　学生だよ。

Was bist du von Beruf?　— Ich bin Bäcker. / Ich bin Bäckerin.
職業は何？　　　　　　パン屋さんだよ。

Wie alt bist du?　— Ich bin 21 Jahre alt.
いくつ？　　　　　21歳だよ。

Was ist dein Hobby?　— Ich lese gern.
趣味は？　　　　　　読書が好き。

Hast du Geschwister?　— Ja, ich habe einen Bruder und eine Schwester.
きょうだいいる？　　　うん、兄(弟)が一人と姉(妹)が一人いるよ。

　　　　　　　　　　— Nein, ich bin Einzelkind.
　　　　　　　　　　　ううん、一人っ子だよ。

― レストランで使う表現 ―

Wie viele Personen?	— Zwei Personen, bitte!
何名様ですか？	2名で、お願いします！
Was möchten Sie zum Essen?	— Die Speisekarte, bitte!
何を召し上がりますか？	メニューをお願いします！
Wir möchten gern bestellen.	— Bitte schön!
注文したいのですが。	どうぞ！
Ich nehme ein Glas Bier.	— Welches Bier möchten Sie?
ビールを一杯お願いします。	どのビールになさいますか？
Wir möchten bezahlen.	— Zusammen oder getrennt?
お勘定したいのですが。	ご一緒ですか、別々ですか？
Das macht 37 Euro.	— 40 Euro, bitte. Stimmt so.
37ユーロです。	40ユーロでお願いします。おつりは結構です。

話法の助動詞／未来形

- Hier kann man den berühmten Garten sehen.
- Er wird wohl schon im Garten sein.

Grammatik

1 話法の助動詞

本動詞にさまざまなニュアンスを付加する助動詞で、次の7種類がある。

それぞれの人称変化は以下のとおり。なおどの助動詞においても、ichとer／sie／esの人称変化は同形である。

	dürfen	können	mögen	müssen	sollen	wollen	möchte
	～してよい	～できる	～かもしれない	～せねばならない	～すべきである	～しようと思う	～したい
ich	darf	kann	mag	muss	soll	will	möchte
Sie	dürfen	können	mögen	müssen	sollen	wollen	möchten
du	darfst	kannst	magst	musst*	sollst	willst	möchtest
er/sie/es	darf	kann	mag	muss	soll	will	möchte
wir	dürfen	können	mögen	müssen	sollen	wollen	möchten
Sie	dürfen	können	mögen	müssen	sollen	wollen	möchten
ihr	dürft	könnt	mögt	müsst	sollt	wollt	möchtet
sie	dürfen	können	mögen	müssen	sollen	wollen	möchten

※語尾は-tのみ

- **dürfen** ～してよい（否定語と共に用いると、「～してはいけない」）
  Man **darf** hier sprechen. ここでは話をしてもよい。
  Man **darf** hier nicht sprechen. ここで話をしてはいけない。

- **können** ～できる
  Thomas **kann** schnell laufen. トーマスは速く走ることができる。

- **mögen** ～かもしれない
  Das Buch **mag** interessant sein. その本は面白いかもしれない。

- **müssen** ～せねばならない（否定語と一緒に用いると、「～する必要はない」）
  Ich **muss** dieses Wochenende arbeiten. 私はこの週末、働かなければならない。
  Ich **muss** dieses Wochenende nicht arbeiten. 私はこの週末、働く必要はない。

・**sollen** 〜すべきである
　Du **sollst** fleißig arbeiten.　君は勤勉に働くべきである。

・**wollen** 〜しようと思う
　Ich **will** morgen ins Kino gehen.　私は明日、映画館に行こうと思う。

・**möchte** 〜したい
　Ich **möchte** Kaffee trinken.　私はコーヒーが飲みたい。

平叙文では2番目の位置に話法の助動詞が来て（定動詞第2位）、本動詞は不定詞の形で文末に置く（枠構造）。

2 未来の助動詞：werden

未来形は平叙文の場合、2番目の位置にwerdenを置き（定動詞第2位）、文末に本動詞を不定詞の形で置く。

　Megumi **wird** nächstes Jahr nach Deutschland fliegen.
　メグミは来年ドイツに行く。

なお、本動詞としてのwerdenは「〜になる」という意味である。

　Er **wird** wieder gesund.
　彼はふたたび健康になる。

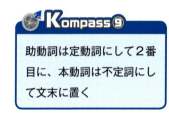

助動詞は定動詞にして2番目に、本動詞は不定詞にして文末に置く

● werdenの現在人称変化

ich	werde	wir	werden
Sie	werden	Sie	werden
du	**wirst**	ihr	werdet
er/sie/es	**wird**	sie	werden

要点をすばやく確認！

（　）内の動詞を人称変化させなさい。
① (*Können*) du gut kochen?
② (*Müssen*) ihr für die Prüfung lernen?
③ Sie [彼女は] (*werden*) in drei Wochen in Japan sein.

Dialog

▶ 宗教建築

Megumi: Hier sind wir im Ryoanji Tempel.

Thomas: Was gibt es denn hier?

Megumi: Hier kann man den berühmten Garten sehen. Der kleine Garten soll[*1] das ganze Universum symbolisieren.

Thomas: Das ist sehr interessant. Übrigens, warum ist Max nicht da? Kommt er heute nicht?

Megumi: Doch! Er wird[*2] wohl schon im Garten sein.

[*1] sollenは「～と言われている」という意味も持つ。
[*2] 未来形は推量の意味も持つ。

In Österreich ... ノンベルク修道院（Stift Nonnberg）

　モーツァルトの生誕地として有名なオーストリアのザルツブルク(Salzburg)にあるこの修道院は西暦714年に創建。ドイツ語圏最古の由緒ある修道院ですが、映画『サウンド・オブ・ミュージック』の主人公マリアが過ごした修道院としても有名です。映画ファンには人気の観光スポットですが、修道院内部は現在も非公開。併設されている教会は見学可能です。

Übungen

1 日本語訳を参照しながら、( )内に話法の助動詞またはwerdenの定形を入れなさい。 CD 62

a. Megumi ( ) sehr gut Deutsch sprechen.
  メグミはとても上手にドイツ語を話すことができる。

b. Hier ( ) man nicht rauchen.
  ここでタバコを吸ってはいけません。

c. Er ( ) heute bis in die Nacht arbeiten.
  彼は今日、夜まで働かねばならない。

d. Megumi ( ) nächsten Monat nach Berlin kommen.
  メグミは来月、ベルリンに来るだろう。

e. Du ( ) sofort zum Arzt gehen.
  君はすぐ医者に行くべきだ。

f. Das ( ) wahr sein.
  それは本当かもしれない。

g. Meine Mutter ( ) wieder in Deutschland studieren.
  私の母はふたたびドイツの大学で学ぼうとしている。

2 与えられた語を並び替え、日本語の文に合うように適切な形に変えなさい。 CD 63

a. 子供は早く寝るべきだ。 [früh, ins Bett gehen, Kinder, sollen]

b. 彼の父親は55歳くらいかもしれない。 [etwa, 55 Jahre alt, sein Vater, mögen, sein]

c. 私にはお金がない。私は一生懸命働かなければならない。
  [ich, kein Geld, haben / ich, müssen, arbeiten, fleißig]

d. ヨハンナはきっと病気なのだろう。 [Johanna, krank, werden, sein, wohl]

e. 私たちは月曜日にコンサートを開きます。あなたはそこでピアノを弾くことができますか？
  [ein Konzert, am Montag, wir, geben / Sie, Klavier, spielen, dabei, können]

f. 私はなんとしても海外で働くつもりだ。 [ich, arbeiten, im Ausland, unbedingt, wollen]

g. ここで写真を撮ってもいいですか？ [hier, dürfen, man, ein Foto machen]

分離・非分離動詞／接続詞の種類

CD 64

- Natur und Tradition passen hier gut zusammen.
- Zuerst besuchen wir den Todaiji Tempel und dann gehen wir zum Kasugataisha Schrein.

 Grammatik

1 分離動詞

・Wir **kommen** um elf Uhr in Wien **an**.
　私たちは11時にウィーンに到着する。　　an|kommen（到着する）
・In Berlin **steigen** immer sehr viele Leute **ein**.
　ベルリンではいつもとても多くの人々が乗車する。　　ein|steigen（[乗り物に]乗る）

これらの動詞は、基礎となる動詞と前つづりから構成され、基礎となる動詞とは多少とも異なる意味を持っている。実際の文の中では両者は分離し、前つづりは文末に置かれる。このように、分離する前つづり＋基礎動詞で構成される動詞を分離動詞という。

注意

1．分離の前つづりには、auf / bei / vor など前置詞と同形のものが多く含まれる
2．辞書や教科書の表記では、**前つづりと基礎動詞の間に区切り（|）が入る**
3．分離動詞の**アクセントは常に前つづりにある**
4．次のような場合には前つづりが分離しない：a) 助動詞の本動詞として用いられるとき、b) 副文中で用いられるとき（「副文」については、次ページの「従属接続詞」を参照のこと）
　　a) Ich **stehe** morgen früh **auf**. → Ich muss morgen früh **aufstehen**.
　　b) Ich **stehe** morgen früh **auf**. → Er weiß, dass ich morgen früh **aufstehe**.

wissen（知っている）の人称変化			
ich	**weiß**	wir	wissen
Sie	wissen	Sie	wissen
du	**weißt**	ihr	wisst
er/sie/es	**weiß**	sie	wissen

2 非分離動詞

・Thomas **bekommt** einen Stadtführer von Koblenz.
　トーマスはコブレンツのガイドブックを手に入れる。　　bekommen（得る）
・Dann **empfehle** ich dir das Deutsche Eck.
　それなら、僕は君にドイチェ・エックを勧めるよ。　　empfehlen（勧める）

分離しない前つづりを持つ動詞が存在する。それらは**非分離動詞と呼ばれる**。

注意

1．非分離動詞は、非分離の前つづり＋基礎動詞の形の複合動詞
2．非分離の前つづりは be-/ent-(emp-)/er-/ge-/ver-/zer- などがある
3．非分離動詞の**アクセントは常に基礎動詞の方にある**

要点をすばやく確認！

①mitkommen を（　）内に入れなさい。
　a.（　　　）du（　）?　　b. Kannst du（　　　　）?
②分離動詞と非分離動詞のアクセントはそれぞれどこにあるか。

3 接続詞

ドイツ語の接続詞は、並列接続詞と従属接続詞に分けられる。

(a) 並列接続詞

対等の関係にある語句や文をつなぐ接続詞。文を接続する場合、接続詞それ自体は前後の文には含まれないため、前後の文の語順は変化しない。

〈代表的な並列接続詞〉

und そして　　aber しかし　　oder あるいは　　denn というのも

Thomas trinkt Kaffee, **und** Megumi liest die Zeitung.
トーマスはコーヒーを飲み、そしてメグミは新聞を読む。

Ich komme gegen 4 Uhr, **aber** ich kann leider nicht lange bleiben.
私は4時頃来るが、長くはいられない。

Möchten Sie Kaffee **oder** möchten Sie lieber Tee?
コーヒーになさいますか、あるいはむしろ紅茶になさいますか。

Wir möchten nicht zu Hause bleiben, **denn** wir haben heute schönes Wetter.
私たちは家にいたくない。というのも、天気が良いからだ。

(b) 従属接続詞

副文を導く接続詞。副文とは、ある独立した文(主文)に従う文のことであり、意味的には主文に組み込まれる。副文では定動詞が文末に置かれることに注意！

〈代表的な従属接続詞〉

dass 〜であること　　weil なぜなら　　ob 〜かどうか　　obwohl 〜にもかかわらず

als 〜したとき(過去の1回限りの出来事の場合)

wenn もし〜ならば、〜のとき(現在・未来の出来事、あるいは過去の反復的な出来事)

Es freut mich sehr, **dass** er **kommt**.　彼が来てくれて、嬉しい。　※esは仮主語で後ろのdass以下を受ける

Ich komme heute zu spät zur Schule, **weil** der Wecker kaputt **ist**.
私は今日、学校に遅れて来る。なぜなら、目覚まし時計が壊れているからだ。

Sag mir bitte, **ob** du an der Party teilnehmen **möchtest**.
君がパーティに参加したいかどうか、僕に言ってね。

Obwohl er noch so klein **ist**, **kann** er schon rechnen.
彼はまだあんなに小さいのに、すでに計算ができる。

> **Kompass ⑩**
> 従属接続詞は定動詞を文末に

Er war im Garten, **als** das Telefon **klingelte**.　電話が鳴ったとき、彼は庭にいた。
※klingelteはklingelnの過去形(☞第10課)

Wenn der Sommer **kommt**, **reise** ich sofort **ab**.　夏が来ると、私はすぐに旅立つ。

要点をすばやく確認！

次のドイツ語を正しく直しなさい

③ Ich komme, aber kommt er nicht.

④ Weil ich habe keine Zeit, komme ich nicht zur Party.

 **Dialog** CD 65

▶公園

Thomas und Megumi fahren mit dem Zug nach Nara.

Thomas: Was machen wir in Nara? Ich weiß nicht genau, was* es da gibt.

Megumi: Zuerst besuchen wir den Todaiji Tempel und dann gehen wir zum Kasugataisha Schrein. Wie findest du das?

Thomas: Das ist toll, aber ich möchte auch andere Tempel besuchen, weil der Todaiji ein bisschen weit vom Bahnhof ist.

Die beiden kommen in Nara an.

Megumi: Oh, Natur und Tradition passen hier gut zusammen, und man kann hier die ruhige Atmosphäre genießen.

Thomas: Sei vorsichtig, es kann passieren, dass Rehe dich wegen des Futters angreifen!

---

*疑問詞はそのまま従属接続詞として使用することができる。
Wo wohnen Sie?　あなたはどこに住んでいますか。
→ Ich weiß, wo Sie wohnen.　私は、あなたがどこに住んでいるのか、知っています。

In Deutschland ... ヒルシュガルテン（Hirschgarten）

　奈良公園と同様に、ドイツにも鹿のいる公園が存在します。それはミュンヘンにあり、「ヒルシュガルテン」と呼ばれています。自然豊かな公園の一部に、柵に囲まれた所があり、そこで鹿が飼われています。この公園は、ミュンヘン市民の憩いの場でもあり、夏になると大きなビア・ガーデンがオープンします。

Übungen

1 分離動詞・非分離動詞の区別に注意して、次の語句を並べ替えて、日本語の文に合うように適切な形に変えなさい。

a. 私の姉は今日の18時にハンブルクへ旅立つ。
[meine Schwester, um 18 Uhr, heute, nach Hamburg, abreisen]

b. 君のおじは木曜日の夜遅くにフランクフルトに到着する。
[dein Onkel, spät, in Frankfurt, ankommen, am Donnerstag, in der Nacht]

c. 私の母は私の兄に毎週水曜日電話をかける。
[mein Bruder, meine Mutter, anrufen, jeden Mittwoch]

d. 彼女は良い成績を得る。 [eine gute Note, bekommen, sie]

e. 私たちは4時頃にスーパーマーケットで買い物する。
[einkaufen, wir, gegen, 4 Uhr, im Supermarkt]

f. 彼は私の意見をとてもよく理解している。 [er, meine Meinung, verstehen, sehr gut]

g. 君はいつ僕にその本を返してくれるの？ [das Buch, zurückgeben, mir, wann, du]

h. 彼はあるドイツの郷土小説を日本語に訳している。
[ins Japanische, ein deutscher Heimatroman, er, übersetzen]

2 次の2つの文を、カッコ内の接続詞を使ってひとつの文にしなさい。

a. Ich kann heute gut schlafen. / Ich habe nun ein gutes Kopfkissen. (weil, 主文を先行させること)

b. Ich habe heute viele Hausaufgaben. / Ich gehe ins Bett. (obwohl, 副文を先行させること)

c. Der Junge isst viel. / Er hat großen Hunger. (denn)

d. Weißt du? / Hans wohnt jetzt in Dresden. (dass)

e. Das Wetter ist schlecht. / Wir spielen im Park Fußball. (aber)

Lektion 9 再帰代名詞・再帰動詞／zu不定詞

CD 68

- Ich freue mich sehr, dass wir endlich in Osaka sind.
- Hast du Lust, mit mir etwas zu essen?

Grammatik

1 再帰代名詞・再帰動詞

(a) **再帰代名詞**：同一文中で主語と同じ人や事物を受ける代名詞で、格変化は以下のとおり。

主語	ich	Sie	du	er/sie/es	wir	Sie	ihr	sie
3格	mir	sich	dir	sich	uns	sich	euch	sich
4格	mich	sich	dich	sich	uns	sich	euch	sich

注1：3格と4格しか存在しない
注2：3人称単数と3人称複数、並びに2人称敬称(以上すべてsich)以外は人称代名詞と同じ形である。

Ich kaufe **mir** ein Buch.　私は自分に本を買う。(mirは再帰代名詞3格)
Er kauft **mir** ein Buch.　彼は私に本を買う。(mirは人称代名詞3格)
Er kauft **sich** ein Buch.　彼は自分に本を買う。(sichは再帰代名詞3格)
Er kauft **ihm** ein Buch.　彼は(別の)彼に本を買う。
　　　　　　　　　　　　(ihmは人称代名詞3格。この場合Erとihmは別人を表わす)

※なお、再帰代名詞は「お互いに」「お互いを」の意味で使われることがある。

Die Frau und der Mann lieben **sich**.　その女性とその男性は愛し合っている。

(b) **再帰動詞**：再帰代名詞とセットで使われる動詞。特定の前置詞と結びつくことが多い。

- sich⁴ für et⁴ interessieren　～に興味を持つ
  Ich **interessiere mich für** Fußball in Deutschland.
  私はドイツのサッカーに興味がある。

- sich⁴ an et⁴ erinnern　～を覚えている、思い出す
  Erinnerst du **dich an** deine Kindheit?
  君は自分の子供の頃を覚えているかい？

- sich⁴ auf et⁴ freuen　～を楽しみにしている
  Wir **freuen uns auf** Ihren Besuch in Japan.
  私たちはあなたが日本を訪れることを楽しみにしています。

- sich⁴ über et⁴ freuen　～を喜ぶ
  Er **freut sich über** dein Geschenk.
  彼は君のプレゼントを喜んでいる。

- sich³ et⁴ vorstellen　～を想像する
  Ich kann **mir** das gut **vorstellen**.
  私はそのことを容易に想像できる。

Kompass ⑪
再帰代名詞は主語と同じ人物・事物を指す

2 zu不定詞句

(a) zu不定詞の作り方

分離動詞以外の場合：zu ＋動詞の不定詞

例）zu lernen
　　学ぶこと

分離動詞の場合：前つづりと基礎動詞の間にzuを挟む

例）aufzustehen
　　起きること

(b) zu不定詞句（zu不定詞にほかの要素が加わったもの）の作り方

zu不定詞を最後に持ってくることがポイント

例）mit ihm Deutsch **zu lernen**
　　彼と一緒にドイツ語を学ぶこと

　　am Montag früh **aufzustehen**
　　月曜日に早く起きること

Kompass⑫
zu不定詞句では、zu不定詞を一番最後に

用法

1．Es ist nicht gut für die Gesundheit, viel **zu rauchen**.
　　たくさんタバコを吸うことは、健康によくない。
　　※esは仮主語で、後ろのzu不定詞句を受ける。

　　Hast du Lust, mit mir ins Kino **zu gehen**?
　　私と一緒に映画に行く気ある？

2．前置詞と一緒に使う場合

　　Ich gehe heute früh ins Bett, **um** morgen früh **aufzustehen**.
　　明日早く起きるために、私は今日は早く就寝する。（um ＋ zu不定詞「〜するために」）

　　Er arbeitet den ganzen Tag, **ohne** etwas **zu essen**.
　　何も食べることなしに、彼は終日働いている。（ohne ＋ zu不定詞「〜することなしに」）

　　Er bleibt zu Hause, **statt auszugehen**.
　　外出する代わりに、彼は家に留まる。（statt ＋ zu不定詞「〜する代わりに」）

要点をすばやく確認！

①Er setzt ihn.とEr setzt sich.の違いを説明しなさい。
②（　）内に適切な前置詞を入れなさい。
　　a. Er interessiert sich sehr (　　　) Musik.
　　b. Wir erinnern uns gut (　　　) unsere Heimat.
③stehen, verstehen, aufstehenのzu不定詞を作りなさい。
④語順の誤りを訂正しなさい。
　　Es macht mir immer Spaß, jeden Morgen Musik zu hören im Wohnzimmer bequem.

▶大都市

Thomas: Ich freue mich sehr, dass wir endlich in Osaka sind.

Megumi: Wofür* interessierst du dich in Osaka?

Thomas: Osaka ist eine große Stadt und dort gibt es viele Hochhäuser. Ich möchte von einem Hochhaus auf die ganze Stadt hinunter blicken.

Megumi: Das ist eine gute Idee. Dann fahren wir nach Abeno! Dort steht das Abeno-Harukasu, ein neues und berühmtes Hochhaus. Es ist 300 Meter hoch.

Thomas: Gut! Aber nun habe ich großen Hunger. Hast du Lust, mit mir etwas zu essen? Denn man hat besser keinen Hunger, um die Aussicht wirklich genießen zu können.

*wofürは前置詞fürとwasの融合形。ほかにwomit (mitとwas)、wovon (vonとwas)、woran (anとwas) などがある。前置詞が母音で始まるとき、wor-となる。第5課の「前置詞と代名詞の融合形」参照のこと。

フランクフルト・アム・マイン

　文豪ゲーテの生誕地にしてヨーロッパ有数の金融都市、そしてフランクフルト・ソーセージでも有名なフランクフルトですが、じつは正式名称をFrankfurt am Mainといいます。というのもドイツにはもうひとつフランクフルトがあって、こちらのほうはFrankfurt an der Oder。知名度が高いのは圧倒的に前者ですが、それぞれマイン川、オーデル川に面しているためこのように呼ばれているのですね。

Übungen

1 日本語訳を参照しながら、(　)内に適切な再帰代名詞を入れなさい。　CD 70

a. Er erinnert (　　　) noch gut an seine Jugendzeit.
   彼は自分の青春時代をまだよく覚えている。

b. Megumi und Thomas freuen (　　　) sehr auf die Sommerferien.
   メグミとトーマスは夏休みをとても楽しみにしている。

c. Ich freue (　　　) darüber, dass du wieder bei mir bist.
   君がまた僕のもとに来てくれて、僕はうれしいよ。

d. Interessieren Sie (　　　) für klassische Musik?
   あなたはクラシック音楽に興味がありますか？

e. Der Schauspieler trägt eine rote Brille. Ich kann ihn (　　　) nicht anders vorstellen.
   その俳優は赤いメガネをかけている。私はそうではない彼を想像できない。

f. Stell (　　　) die Reise durch Deutschland vor! Sie ist sicher fantastisch.
   ドイツ旅行を想像してみて！ それはきっと素晴らしいよ。

2 与えられた語を並び替え、日本語の文に合うように適切な形に変えなさい。　CD 71

a. 僕は彼女と話をする時間がない。　[keine Zeit, sprechen, mit, ich, haben, sie, zu]

b. あなたは私と一緒に働く気はありますか？　[haben, zu, ich, Lust, mit, arbeiten, Sie]

c. ここで写真を撮ることは禁止されています。　[es, verboten, zu, hier, Fotos, machen, sein]

d. 将来ドイツの大学で学ぶために、私はドイツ語を熱心に勉強している。
   [später, in Deutschland, um, studieren, ich, fleißig, Deutsch, lernen, zu]

e. ドイツ語を最初に学ぶことなしにドイツの大学で学ぶことは不可能だ。
   [es, ohne, sein, unmöglich, zu, in Deutschland, studieren, zu, zuerst, Deutsch, lernen]

f. トーマスは映画館に行く代わりにDVDを観る。
   [eine DVD, ins Kino, gehen, statt, sehen, Thomas, zu]

Lektion 10 動詞の３基本形／過去形・現在完了形

- Thomas und Megumi kamen nach Osaka.
- Hat es dir gut geschmeckt?

CD 72

Grammatik

■1 動詞の３基本形

動詞の不定詞・過去基本形・過去分詞を動詞の３基本形と呼ぶ。

３基本形の作り方にしたがって、動詞は大きく規則動詞と不規則動詞に分けられる。

規則動詞（例：lernen 勉強する）

不定詞	過去基本形	過去分詞
lernen	lernte	gelernt

（語幹）en ── （語幹）te ── ge（語幹）t という規則的な変化をする

> **Kompass ⑬**
> 規則動詞では
> 過去基本形は語幹 -te
> 過去分詞は ge- 語幹 -t

不規則動詞（例：kommen* 来る） ※アステリスク（*）は、辞書の表記で不規則動詞であることを示す。

不定詞	過去基本形	過去分詞
kommen	kam	gekommen

どのような変化をするかは、辞書もしくは巻末の不規則動詞変化表で確認のこと。

■2 過去形

動詞の過去形は、規則動詞・不規則動詞ともに過去基本形に以下のような語尾を加える。

〈規則動詞の例〉

	単 数	語尾	複 数	語尾
１人称	ich lernte	-	wir lernten	-n
２人称	Sie lernten	-n	Sie lernten	-n
	du lerntest	-st	ihr lerntet	-t
３人称	er/sie/es lernte	-	sie lernten	-n

〈不規則動詞の例〉

	単 数	語尾	複 数	語尾
１人称	ich kam	-	wir kamen	-en
２人称	Sie kamen	-en	Sie kamen	-en
	du kamst	-st	ihr kamt	-t
３人称	er/sie/es kam	-	sie kamen	-en

※１人称複数形と３人称複数形は、最終的な形が -en となるように変化する。
　例：haben（過去基本形は hatte）
　　　wir hatte**n**
※ich と er/sie/es の人称変化は同形

3 現在完了形

現在完了形は haben または sein の現在形と動詞の過去分詞とで作られる。過去分詞は文末に置かれる（枠構造）。

```
[haben または sein の現在形] ... [過去分詞]
     定動詞第2位                    文末
```

他動詞はすべて haben を用いて現在完了形を作る（**haben支配**）。

自動詞のうち kommen, gehen, sein など、少数の動詞は sein を用いて現在完了形を作る（**sein支配**）。その他の自動詞は、haben を用いて現在完了形を作る（**haben支配**）。

> 他動詞：4格目的語を取りうる動詞
> 自動詞：4格目的語を取ることができない動詞

sein 支配の動詞には以下の3つの場合がある：

①場所の移動を表わす動詞：gehen, kommen, fahren など
②状態の変化を表わす動詞：werden, sterben など
③その他：sein, bleiben

Kompass ⑭
現在完了形は sein または haben（定動詞第2位）… 過去分詞（文末）

例1 lernen（学ぶ）の現在完了形（haben支配）

lernen の三基本形（不定詞・過去基本形・過去分詞）

⇒ lernen ── lernte ── gelernt

単数	複数
ich habe ... gelernt	wir haben ... gelernt
Sie haben ... gelernt	Sie haben ... gelernt
du hast ... gelernt	ihr habt ... gelernt
er / sie / es hat ... gelernt	sie haben ... gelernt

例2 kommen（来る）の現在完了形（sein支配）

kommen* の三基本形（不定詞・過去基本形・過去分詞）

⇒ kommen* ── kam ── gekommen

単数	複数
ich bin ... gekommen	wir sind ... gekommen
Sie sind ... gekommen	Sie sind ... gekommen
du bist ... gekommen	ihr seid ... gekommen
er / sie / es ist ... gekommen	sie sind ... gekommen

要点をすばやく確認！

①3基本形を言いなさい。
　a. lernen（不定詞）── _____（過去基本形）── gelernt（過去分詞）
　b. kommen（不定詞）── kam（過去基本形）── _____（過去分詞）

②カッコ内の不定詞を過去形にしなさい。　a. Du (*lernen*) Deutsch.　b. Ihr (*kommen*) gestern nicht.

③現在完了形を作りなさい。　a. Du (　　) Deutsch gelernt.　b. Ihr (　　) gestern nicht gekommen.

 Dialog

▶ B級グルメ

Thomas und Megumi kamen nach Osaka. In Osaka wollten sie viele Sehenswürdigkeiten besichtigen. Es war 12 Uhr, als sie am Osaka-Bahnhof ankamen.

Thomas: Na, was machen wir dann?

Megumi: Wollen wir zu Mittag essen?

Thomas: Ja klar! Hast du Lust auf Okonomiyaki? Das habe ich noch nie gegessen.

Die Beiden gingen nach Minami. Dort gab es viele Okonomiyaki-Restaurants. Deswegen hatten sie kein Problem eins* zu finden.

Megumi: Hat es dir gut geschmeckt?

Thomas: Ja, es war sehr lecker!

注：主として、話し言葉では現在完了形を、書き言葉では過去形を用いることが多いが、sein、haben、話法の助動詞では話し言葉でも過去形が多く用いられる。

* eins は ein Restaurant（中性名詞4格）を受ける不定代名詞。

In Deutschland ... ケバブ

　トルコ発祥のB級グルメ「ドネル・ケバブ（Döner Kebab）」は、今やドイツ各地で売られており、大人気です。「ドネル（Döner）」とも呼ばれています。ベルリン発祥と言われる「カリーヴルスト（Currywurst）」とはライバル関係にあり、お互いに人気を競い合っています。ちなみに、噂によるとドレスデン（Dresden）のケバブが一番美味しいのだとか。

Übungen

1 下線部に、（　）内の動詞を過去形にして入れなさい。 CD 74

a. Was _____ Sie gestern? (machen)
b. David _____ mit Nena ins Kino. (gehen)
c. Nena _____ den ganzen Tag Musik. (hören)
d. Inge und Hans _____ vorgestern zu viel Currywurst. (essen)
e. Der Mann _____ sehr gut Japanisch. (sprechen)

2 [　]内にhabenかseinを入れて、現在完了形を作りなさい。 CD 75

a. Was [　　] du zu Abend gegessen?
b. Meine Eltern [　　] im August nach Deutschland gereist.
c. Letzte Nacht [　　] wir lange geschlafen.
d. Gestern [　　] ich um 9 Uhr eingeschlafen.

3 （　）内の動詞を過去分詞にして、現在完了形を作りなさい。 CD 76

a. Ich habe die Zeitung noch nicht _____ . (lesen)
b. Hast du am Wochenende Baseball _____ ? (spielen)
c. Ich habe heute viel _____ . (arbeiten)
d. Wo habt ihr diesen Sommer _____ ? (verbringen)*
e. Thomas und Megumi haben zur Party Rotwein _____ . (mitbringen)*

> * 分離動詞・非分離動詞の過去分詞の作り方：
> a) 分離動詞：分離前つづり＋基礎動詞の過去分詞
>   aufstehen(不定詞) - aufgestanden(過去分詞)
> b) 非分離動詞：非分離前つづり＋基礎動詞の過去分詞からgeを除く
>   verstehen(不定詞) - verstanden(過去分詞)

4 与えられた語を並び替え、日本語の文に合うように適切な形に変えなさい。 CD 77

a. あなたはザワークラウトを食べたことがありますか？ ― はい、食べたことがあります。（現在完了形で）
[Sauerkraut, haben, einmal, Sie, essen / haben, ja, ich, einmal, das, essen, schon]

_____

b. 私はまだライプツィヒに行ったことがない。（現在完了形で）
[sein, noch, sein, nie, ich, in Leipzig]

_____

c. 今日、私は早起きをして、ハイデルベルク行きの電車に乗った。（過去形で）
[aufstehen, ich, früh, heute, und, nehmen, der Zug, nach Heidelberg]

_____

d. 昨夜はとても暑かった。（過去形で） [gestern Abend, sein, sehr heiß, es]

_____

e. 私たちはこの夏はミュンヘンに滞在した。（現在完了形で）
[bleiben, sein, in München, diesen Sommer, wir]

_____

受動態／比較表現

- Hier werden jeden Tag sehr viele Produkte aus dem Ausland eingeführt.
- Kobe ist kleiner als Osaka.

CD 78

 Grammatik

1 受動態

(a) 能動文の４格目的語を主語にする。

(b) 文の２番目に werden の定形を、文末に過去分詞を置く（枠構造）。

(c) 動作主（能動文における主語）を表現したいときは、前置詞 von を使う。

能動文　Der Vater kauft den Mantel.
　　　　父はそのコートを買う。

受動文　Der Mantel **wird** von dem Vater **gekauft**.
　　　　そのコートは父によって買われる。

受動態は werden（第２位）… 過去分詞（文末）

(d) 過去形にしたいときは、werden の過去基本形 wurde を用いればよい。

Der Mantel **wurde** von dem Vater **gekauft**.
そのコートは父によって買われた。

(e) 受動文の現在完了形は、能動文の現在完了形と同じように作ればよい。ただし過去分詞には geworden ではなく worden を用いる。

Der Mantel **ist** von dem Vater **gekauft worden**.
そのコートは父によって買われた。

要点をすばやく確認！

Thomas besucht das Chinesenviertel in Kobe. を指示に従って受動態にしなさい。

① Das Chinesenviertel in Kobe (*werden*) von Thomas besucht. （現在形の受動態）

② Das Chinesenviertel in Kobe (*werden*) von Thomas besucht. （過去形の受動態）

③ Das Chinesenviertel in Kobe ist von Thomas besucht (*werden*). （現在完了形の受動態）

2 比較表現：比較級 -er・最上級 -st

原級	比較級	最上級
klein	klein**er**	klein**st**
schnell	schnell**er**	schnell**st**
lang	l**ä**ng**er**	l**ä**ng**st**
langsam	langsam**er**	langsam**st**
interessant	interessant**er**	interessant**est**
gut	**besser**	**best**
viel	**mehr**	**meist**

※変化が不規則な形容詞は、辞書に記載がある。辞書で確認してみよう。

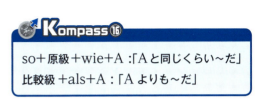

so＋原級＋wie＋A：「Aと同じくらい〜だ」
比較級＋als＋A：「Aよりも〜だ」

「Aと同じくらい〜だ」：so＋原級＋wie＋A

Ich bin **so jung wie du**.　私は君と同じくらい若い。

「Aよりも〜だ」：比較級＋als＋A

Ich bin **jünger als du**.　私は君よりも若い。

「一番〜だ」：am 最上級 en もしくは der/die 最上級 e

Ich bin **am jüngsten** in dieser Klasse.
Ich bin **der Jüngste** in dieser Klasse.　（ichが男性の場合）
Ich bin **die Jüngste** in dieser Klasse.　（ichが女性の場合）

➡ 私はこのクラスの中で一番若い。

直後に名詞を伴って用いる場合（付加語的用法）は、比較級・最上級でも原級の場合と同じように語尾変化させる。

原級	ein interessant**es** Buch	面白い本
比較級	ein interessant**eres** Buch	より面白い本
最上級	ein interessant**estes** Buch	もっとも面白い本

要点をすばやく確認！

（　）内に適切な語を入れなさい。

④Kobe ist so groß (　　　) Kyoto.　神戸は京都と同じくらい大きい。
⑤Osaka ist größer (　　　) Kobe.　大阪は神戸よりも大きい。
⑥In Japan ist Tokyo (　　　) größten.　日本では東京が一番大きい。

Dialog

▶港湾都市

Megumi und Thomas stehen am Hafen von Kobe. Vor ihnen liegen viele ausländische Schiffe.

Megumi: Das ist der Hafen von Kobe. Hier werden jeden Tag sehr viele Produkte aus dem Ausland eingeführt.

Thomas: Der Hafen ist also ein Tor nach Japan. Wann wurde denn die Stadt Kobe gegründet?

Megumi: Das weiß ich nicht genau, aber jedenfalls sehr früh. Im 12. Jahrhundert ist die damalige Hauptstadt nach Kobe verlegt worden und danach hat sie sich immer schneller entwickelt.

Thomas: Ist Kobe so groß wie Osaka?

Megumi: Nein, Kobe ist kleiner als Osaka. Aber als Hafenstadt ist Kobe neben Yokohama eine der größten Städte Japans.

In Deutschland ... ハンブルク

ハンブルク（Hamburg）はドイツ最大の港湾都市ですが、神戸や横浜など日本の港湾都市とは異なり、北海から100キロもさかのぼったエルベ川沿いに位置しています。それでも最大級のコンテナ船が航行できる規模を備え、また内陸にある分、悪天候の影響を受けにくいというメリットもあるようです。2014年のコンテナ取扱個数ではロッテルダムに次ぎ、堂々ヨーロッパ2位にランキングされています。

Übungen

1 次の能動文を受動文にしなさい　CD 80

a. Das Kind sucht einen Hund.

b. Das Kind sucht einen Hund und eine Katze.

c. Megumi hat ihren Freundinnen die Stadt Hamburg gezeigt. （受動の現在完了形に）

d. Die Frau fragte ihn nach dem Weg zum Bahnhof. （受動の過去形に）

e. In Deutschland trinkt man gern Bier.

2 （　）内に適切な語を入れなさい　CD 81

a. Die Tasche ist zwar schön, aber diese Tasche hier ist (　　　). 「schön の比較級」
　　※zwar A, aber B：たしかに A だが、しかし B
　Und diese rote Tasche ist am (　　　). 「schön の最上級」

b. Das hier ist die (　　　) Tasche. 「schön の最上級」
　Ich habe keine (　　　) Tasche. 「schön の比較級」

c. Thomas hat (　　　) viele Bücher (　　　) Megumi. 「同じくらい多くの」

d. Thomas hat (　　　) CDs (　　　) Megumi. 「より多くの」

3 与えられた語を並び替え、日本語の文に合うように適切な形に変えなさい。　CD 82

a. 1995年、神戸では多くの建物が破壊された。（過去形で）
　[werden, in Kobe, 1995, viele Gebäude, zerstören]

b. 1995年、神戸では多くの建物が破壊された。（現在完了形で）
　[in Kobe, werden, sein, viele Gebäude, 1995, zerstören]

c. そのピアノ曲はある有名な女性ピアニストによって演奏される。
　[das Klavierstück, spielen, von einer bekannten Pianistin, werden]

d. ドイツ人は概して日本人より身長が高い。
　[Deutsche(複数形), sein, als Japaner, im Allgemeinen, groß]

e. トーマスはメグミと同じくらい勤勉だ。　[Thomas, so fleißig, wie Megumi, sein]

f. ツークシュピッツェはドイツで一番高い山である。
　[sein, die Zugspitze, hoch, Deutschlands, der, Berg]

Lektion 12 関係代名詞／関係副詞

- Kennst du zum Beispiel andere moderne Architektur, die sich in Osaka befindet?
- Thomas und Megumi besuchen den Expo-Park, wo der „Turm der Sonne" berühmt ist.

CD 83

Grammatik

1 関係代名詞

関係代名詞は、定関係代名詞と不定関係代名詞に分けられる。

(a) 定関係代名詞

1．定関係代名詞の性・数は、先行詞が決定し、格は関係文中の役割によって決まる。
2．関係文は副文であり、定動詞は後置される。
3．関係文はコンマ(,)で区切る。

	男性	女性	中性	複数
1格	der	die	das	die
2格	dessen	deren	dessen	deren
3格	dem	der	dem	denen
4格	den	die	das	die

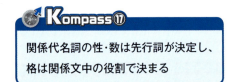

Kompass⑰　関係代名詞の性・数は先行詞が決定し、格は関係文中の役割で決まる

Der Mann, **der** im Garten arbeitet, ist mein Vater.（1格 男性）
庭で働いているその男性は私の父です。

Die Frau, **deren** Tochter acht Jahre alt ist, ist meine Tante.（2格 女性）
その女性は、その女性の娘は8歳ですが、私のおばです。

Die Menschen, **denen** ich von Herzen danke, sind meine alten Freunde.（3格 複数）
私が心から感謝しているその人々は、私の古くからの友人です。

Das Kind, **das** ich von Herzen liebe, ist mein Sohn.（4格 中性）
私が心から愛するその子供は、私の息子です。

(b) 不定関係代名詞

不定関係代名詞は定関係代名詞と異なり、基本的には先行詞を必要としない。

wer：（およそ）〜する人

Wer eine gute Note bekommen möchte, muss viel lernen.
よい成績が欲しい人は、たくさん勉強しなければならない。

was：〜すること・もの

Was billig ist, ist oft schlecht.
安かろう、悪かろう。

ただし、was は alles, nichts, etwas や中性名詞化した形容詞などを先行詞に持つことがある。

Das ist alles, **was** ich tun kann.
これが、私がすることのできる、すべてです。

2 関係副詞

先行詞が場所や時を表わす場合にしばしば関係副詞 wo が用いられる。特に先行詞が固有名詞の場合（下の文例の最後）には前置詞＋関係代名詞ではなく関係副詞が用いられる。

Das ist die Stadt, in der ich wohne.
　＝Das ist die Stadt, **wo** ich wohne.
これが私が住んでいる街です。

Ich erinnere mich noch an den Tag, **wo** mein Kind geboren wurde.
私は、私の子供が産まれた日のことをまだ覚えている。

Ich wohne noch heute in Kyoto, **wo** ich geboren bin.
私は、私が産まれた所である京都に今もまだ住んでいる。

3 非人称表現

具体的な人・物を表わさない es を用いた表現がある。

— 自然現象・天候・時間 —

Es regnet.	雨が降っている。	**Es** schneit.	雪が降っている。
Es donnert.	雷が鳴っている。		
Es ist schön.	いい天気だ。	**Es** ist zwölf Uhr.	12時だ。
Es ist schon spät.	もう遅い時間だ。		

— 生理・心理現象 —

Es geht mir gut.　私はいい調子だ。　　**Es** ist mir nicht wohl.　私は調子が良くない。

— 熟語表現 —

Es gibt einen Kiosk.　キオスクがある。
Es handelt sich um die Hausaufgabe. ＝ **Es geht um** die Hausaufgabe.　宿題のことなんですが。

要点をすばやく確認！

（　）内に適切な語を入れなさい。

① Die Frau liebt den Mann, (　　　　　) Auto rot ist.
　　　　　　　　　　　　　　定関係代名詞2格

② Ich gebe dir etwas, (　　　　　) du willst.
　　　　　　　　　　　不定関係代名詞

③ Das war die Zeit, in der alle Menschen glücklich leben konnten.
　＝Das war die Zeit, (　　　　　) alle Menschen glücklich leben konnten.
　　　　　　　　　　関係副詞

④ Es gibt hier (　　　　　) Park.
　　　　　　　　ひとつの

Dialog

▶芸術

Es ist heute sehr schön. Thomas und Megumi besuchen den Expo-Park, wo der „Turm der Sonne" berühmt ist.

Megumi: Das ist der Turm, der für die Expo im Jahre 1970 gebaut worden ist.

Thomas: Er sieht sehr modern aus! Wer hat diesen Turm geplant?

Megumi: Das war Taro Okamoto, der ihn angefertigt hat. Er ist ein berühmter Künstler in Japan.

Thomas: Gibt es in Osaka sonst noch etwas, was du mir empfehlen kannst? Kennst du zum Beispiel andere moderne Architektur, die sich in Osaka befindet?

Megumi: Ich kenne das „Reihenhaus von Sumiyoshi*", das Tadao Ando gebaut hat. Das ist das Haus, das als normales Wohnhaus entworfen wurde und nur aus Beton besteht. Ein solches Haus war damals sehr selten.

---

*住吉の長屋(1976年)

In Deutschland ... バウハウス

　バウハウス(Bauhaus「建築の家」)とは、ドイツ・ワイマールに1919年設立された学校のことで、ここでは美術と建築に関する総合的な教育が行われました。学校として使われたのは、1933年の閉鎖までのわずかな期間でしたが、モダニズム建築や20世紀美術に多大な影響を及ぼしました。1996年に「ワイマールとデッサウのバウハウスとその関連遺産群」として世界遺産(文化遺産)に登録されました。

Übungen

1 以下の2つの文を、関係代名詞を用いてひとつの文に書き換えなさい。　CD 85

a. Siehst du dort das Gebäude? Es wurde von Walter Gropius entworfen.

b. Ich hole Anne vom Flughafen ab. Sie besucht uns nach zwei Jahren wieder.

c. Das ist meine Freundin. Neulich habe ich ihr einen Brief geschrieben.

d. Ich bekomme das Paket. Mein Onkel hat es abgeschickt.

e. Die Blumen sind für meine Mutter zum Geburtstag. Die Farbe der Blumen ist sehr schön.

2 次の（　）内に適切な関係代名詞を入れなさい。　CD 86

a. Sie setzte sich auf eine Bank, (　　　　) am Fluß stand.
b. Wir haben nur ein Fachwerkhaus gefunden, (　　　　) Räume klein sind.
c. Den Hut, (　　　　) ich dir geschickt habe, kannst du behalten.
d. Das sind die Schüler, (　　　　) ich den Weg zur Konditorei gewiesen habe.
e. Die Fragen, (　　　　) in der Abschlussprüfung gestellt wurden, waren schwierig.
f. Dein Zimmer, (　　　　) Fenster nach Norden geht, liegt im 3. Stock.

3 与えられた語を並び替え、日本語の文に合うように適切な形に変えなさい。　CD 87

a. 昨日私が出席した講義はとても退屈だった。
   [die, gestern, die Vorlesung, besuchen, ich, haben, sein, sehr langweilig]

b. 「クンスト・ハウス・ウィーン」を設計した建築家は、フリーデンスライヒ・フンデルトヴァッサーという名前である。
   [haben, heißen, der, das „Kunst Haus Wien", Friedensreich Hundertwasser, entwerfen, der Architekt]

c. その内容がとても難しい本はどこですか？
   [sein, wo, sein, dessen, Inhalt, das Buch, sehr schwierig]

d. 早く起きたい人は、早く寝たほうがよい。
   [früh, möchte, früh, aufstehen, wer, ins Bett, gehen, besser]

Lektion 13 接続法

- Tatsächlich sagt meine Mutter auch, sie komme nächstes Jahr wieder nach Kyoto.
- Wenn ich mehr Zeit hätte, würde ich gern länger hier bleiben.

CD 88

Grammatik

1 接続法

事実をそのまま記述する直説法(今までに学んできたドイツ語)とは異なり、ある人の発言を引用したり(間接話法)、非現実のことがらを述べたり(非現実話法)する場合には、接続法を用いる。接続法にはⅠ式とⅡ式がある。

直説法	Thomas **ist** gesund. トーマスは健康だ。
接続法Ⅰ式(間接話法)	Megumi sagt, Thomas **sei** gesund.
	メグミは言っている、トーマスは健康だと。
接続法Ⅱ式(非現実話法)	Wenn Thomas gesund **wäre**! トーマスが健康だったらなあ！

2 接続法の作り方

【接続法Ⅰ式の作り方】

「不定詞の語幹＋e」が基本形(ただし、seinだけが例外)。それに以下のような人称語尾を付けていく。

不定詞	machen	gehen	kommen	haben	werden	sein
不定詞の語幹	mach	geh	komm	hab	werd	sei
接続法Ⅰ式基本形	mach**e**	geh**e**	komm**e**	hab**e**	werd**e**	sei
ich	mache	gehe	komme	habe	werde	sei
Sie	machen	gehen	kommen	haben	werden	seien
du	machest	gehest	kommest	habest	werdest	sei[e]st
er/sie/es	mache	gehe	komme	habe	werde	sei
wir	machen	gehen	kommen	haben	werden	seien
Sie	machen	gehen	kommen	haben	werden	seien
ihr	machet	gehet	kommet	habet	werdet	seiet
sie	machen	gehen	kommen	haben	werden	seien

※ichとer/sie/esの人称変化は同形

要点をすばやく確認！

カッコ内の動詞を接続法Ⅰ式にしなさい。

① Thomas sagt, er (*spielen*) Tennis.
② Thomas sagt, er (*sein*) glücklich.

【接続法Ⅱ式の作り方】

① 規則動詞は、過去基本形がそのまま接続法Ⅱ式の基本形となる。
② 不規則動詞では、過去基本形をまず作り、そのうえで次のステップを踏むと接続法Ⅱ式の基本形となる。
　ステップ1　過去基本形がeで終わっていないものにはeを付ける
　ステップ2　幹母音a, o, uはウムラウトさせる
③ ①②で作った基本形に、以下のような人称語尾(接続法Ⅰ式と同じ)を付けていく。

	規則動詞	➡ 以下、不規則動詞				
不定詞	machen	gehen	kommen	haben	werden	sein
過去基本形	machte	ging	kam	hatte	wurde	war
接続法Ⅱ式基本形	machte	ging**e**	k**ä**m**e**	h**ä**tte	w**ü**rde	w**ä**re
ich	machte	ginge	käme	hätte	würde	wäre
Sie	machten	gingen	kämen	hätten	würden	wären
du	machtest	gingest	kämest	hättest	würdest	wärest
er/sie/es	machte	ginge	käme	hätte	würde	wäre
wir	machten	gingen	kämen	hätten	würden	wären
Sie	machten	gingen	kämen	hätten	würden	wären
ihr	machtet	ginget	kämet	hättet	würdet	wäret
sie	machten	gingen	kämen	hätten	würden	wären

※Ⅰ式と違って作り方に例外はない。
※ichとer/sie/esの人称変化は同形

3 接続法の使い方

接続法Ⅰ式：間接話法で用いる。

　Thomas sagt: „Megumi lernt jetzt Französisch."
　　トーマスは言う。「メグミは今フランス語を学んでいるよ」
　➡ Thomas sagt, Megumi **lerne** jetzt Französisch.
　　トーマスは、メグミが今フランス語を学んでいると言っている。

接続法Ⅱ式：非現実のことがらを述べるときに用いる。

　Ich habe kein Geld. Ich fahre nicht nach Deutschland.
　私にはお金がない。私はドイツには行かない。
　➡ Wenn ich Geld **hätte, führe** ich nach Deutschland.（古風な表現）
　➡ Wenn ich Geld **hätte, würde** ich nach Deutschland fahren.（現代風の表現）
　　もし私にお金があったなら、ドイツに行くのになあ。

Kompass⑱
「e」が接続法の特徴（Ⅰ式・Ⅱ式とも。ただし、seinの接続法Ⅰ式を除く）

要点をすばやく確認！

次の文を接続法Ⅱ式にしなさい。
③Wenn Megumi kommt, gehe ich zur Party.（古風な表現で）
④Wenn es schön ist, spielt Thomas Tennis.（現代風の表現で）

Dialog

▶伝統と現代

Megumi: Thomas, nach einem Jahr bist du wieder hier am Kyoto-Bahnhof. Morgen fliegst du nach Deutschland zurück, oder?

Thomas: Genau. Sehr schade. Wenn ich mehr Zeit hätte, würde ich gern länger hier bleiben. Kyoto ist nicht nur eine alte, traditionelle Stadt.

Megumi: Ja. Das Gebäude des Kyoto-Bahnhofs sieht zum Beispiel sehr modern aus. Die Tradition einerseits und die Innovation andererseits – diese Harmonie macht bestimmt die Anziehungskraft von Kyoto aus, glaube ich.

Thomas: Das stimmt. Tatsächlich sagt meine Mutter auch, sie komme nächstes Jahr wieder nach Kyoto. Da komme ich natürlich mit.

Megumi: Ich freue mich schon darauf. Guten Flug nach Deutschland!

Thomas: Danke! Bis nächstes Jahr!

Megumi: Bis dann! Tschüs!

In Deutschland ... ミュンヘン

　ヨーロッパの街並みを見渡すと、歴史を感じさせる伝統的な建築と現代的な建築が共存していることに気付くでしょう。タイトルに示したミュンヘン(München)もその代表的な都市の1つです。中心街では中世の面影が色濃く残るなか、数分歩けば現代的なモニュメントや建築物を見ることができます。長い歴史を持つ都市だからこそ、両者はタペストリーの縦糸と横糸のように組み合わされているのです。

Übungen

1 接続法Ⅰ式を用いて、間接話法に書きかえなさい。　CD 90

a. Megumi sagt: „Ein Kind sucht seinen Hund."

b. Sie hat ihn gefragt: „Spielst du am Sonntag Tennis?"

c. Sie hat ihn gefragt: „Wo spielst du am Sonntag Tennis?"

d. Megumi schreibt Thomas: „Meine Mutter fährt nächstes Jahr nach Nürnberg."

e. Der Wetterbericht lautet: „Heute ist es im ganzen Land sehr kalt."

2 (　)内の動詞を接続法Ⅱ式にしなさい。　CD 91

a. Wenn ich Deutsch (*können*), würde ich in Deutschland wohnen.
b. Wenn meine Großmutter noch (*leben*), würde ich gern mit ihr diesen Film sehen wollen.
c. Wenn es heute klar (*sein*), würde ich spazieren gehen.
d. Wenn du alles (*machen*), was dir gefällt, dann (*haben*) du keine Zeit mehr zum Schlafen.
e. Wenn ihr alles (*tun*), was euch gefällt, dann (*können*) ihr nicht genug schlafen.

3 与えられた語を並び替え、日本語の文に合うように適切な形に変えなさい。　CD 92

a. 私の父はいつも、自分は時間がない、と言っている。(接続法Ⅰ式)
   [immer, mein Vater, haben, keine Zeit, sagen, er]

b. 私の父はいつも、自分は忙しい、と言っている。(接続法Ⅰ式)
   [beschäftigt, mein Vater, immer, sagen, er, sein]

c. もし私の父に時間があれば、彼は毎日、映画を見に行くだろう。(接続法Ⅱ式　現代風の表現で)
   [mein Vater, Zeit, wenn, werden, er, haben, jeden Tag, gehen, ins Kino]

d. もし私の父が忙しくなければ、彼は毎日、映画を見に行くだろう。(接続法Ⅱ式　古風な表現で)
   [ins Kino, mein Vater, nicht, wenn, sein, gehen, er, jeden Tag, beschäftigt]

Kompass（ドイツ語学習指南役）一覧

① ドイツ語の基本は主語＋定動詞。定動詞の形は主語が決める
　[→10ページ]

② 定動詞は2番目に
　[→11ページ]

③ 名詞の性数（男性・女性・中性・複数）と格（1〜4格）が冠詞の形を決定する
　[→15ページ]

④ 不規則変化：不規則なのはduとer/sie/esの2か所だけ
　[→18ページ]

⑤ 命令形：duは語幹-[e]、ihrは語幹-t、Sieは語幹-en＋Sie
　[→19ページ]

⑥ dieserの-erは語尾、unserの-erは語尾ではない
　[→23ページ]

⑦ 3・4格支配の前置詞——場所は3格、方向は4格
　[→26ページ]

⑧ 形容詞の語尾は弱変化≒混合変化。違うのは男性1格と中性1・4格だけ
　[→31ページ]

⑨ 助動詞は定動詞にして2番目に、本動詞は不定詞にして文末に置く
　[→37ページ]

⑩ 従属接続詞は定動詞を文末に
　[→41ページ]

⑪ 再帰代名詞は主語と同じ人物・事物を指す
　[→44ページ]

⑫ zu不定詞句では、zu不定詞を一番最後に
　[→45ページ]

⑬ 規則動詞では過去基本形は語幹-te　過去分詞はge-語幹-t
　[→48ページ]

⑭ 現在完了形はseinまたはhaben（定動詞第2位）... 過去分詞（文末）
　[→49ページ]

⑮ 受動態はwerden（定動詞第2位）... 過去分詞（文末）
　[→52ページ]

⑯ so＋原級＋wie＋A：「Aと同じくらい〜だ」　比較級＋als＋A：「Aよりも〜だ」
　[→53ページ]

⑰ 関係代名詞の性・数は先行詞が決定し、格は関係文中の役割で決まる
　[→56ページ]

⑱ 「e」が接続法の特徴（I式・II式とも。ただし、seinの接続法I式を除く）
　[→61ページ]

不規則動詞変化表

不定形	現在形	過去基本形	接続法2式	過去分詞	duに対する命令形
backen (オーブンで)焼く	du bäckst er bäckt	backte	backte	gebacken	back[e]!
befehlen 命令する	du befiehlst er befiehlt	befahl	beföhle (befähle)	befohlen	befiehl!
beginnen 始める		begann	begänne (begönne)	begonnen	beginn[e]!
beißen 噛む		biss	bisse	gebissen	beiß[e]!
biegen 曲げる		bog	böge	gebogen	bieg[e]!
bieten 提供する		bot	böte	geboten	biet[e]!
binden 結ぶ		band	bände	gebunden	bind[e]!
bitten 頼む		bat	bäte	gebeten	bitt[e]!
blasen 吹く	du bläst er bläst	blies	bliese	geblasen	blas[e]!
bleiben とどまる		blieb	bliebe	geblieben	bleib[e]!
braten 焼く	du brätst er brät	briet	briete	gebraten	brat[e]!
brechen 折る・折れる	du brichst er bricht	brach	bräche	gebrochen	brich!
brennen 燃える		brannte	brennte	gebrannt	brenn[e]!
bringen 持っていく・持ってくる		brachte	brächte	gebracht	bring[e]!
denken 考える・(…と)思う		dachte	dächte	gedacht	denk[e]!
dringen (無理に)突き進む		drang	dränge	gedrungen	dring[e]!
dürfen …してもよい	ich darf du darfst er darf	durfte	dürfte	dürfen gedurft	なし

不定形	現在形	過去基本形	接続法2式	過去分詞	duに対する命令形
empfangen 受け取る・出迎える	du empfängst er empfängt	empfing	empfinge	empfangen	empfang[e]!
empfehlen 勧める	du empfiehlst er empfiehlt	empfahl	empföhle (empfähle)	empfohlen	empfiehl!
empfinden 感じる		empfand	empfände	empfunden	empfind[e]!
essen 食べる	du isst er isst	aß	äße	gegessen	iss!
fahren (乗り物で)行く	du fährst er fährt	fuhr	führe	gefahren	fahr[e]!
fallen 落ちる	du fällst er fällt	fiel	fiele	gefallen	fall[e]!
fangen 捕まえる	du fängst er fängt	fing	finge	gefangen	fang[e]!
finden 見つける		fand	fände	gefunden	find[e]!
fliegen 飛ぶ		flog	flöge	geflogen	flieg[e]!
fliehen 逃げる		floh	flöhe	geflohen	flieh[e]!
fließen 流れる		floss	flösse	geflossen	fließ[e]!
fressen (動物が)食べる	du frisst er frisst	fraß	fräße	gefressen	friß!
frieren 凍る		fror	fröre	gefroren	frier[e]!
geben 与える	du gibst er gibt	gab	gäbe	gegeben	gib!
gehen 行く		ging	ginge	gegangen	geh[e]!
gelingen 成功する		gelang	gelänge	gelungen	geling[e]!
gelten 〜と見なす	du giltst er gilt	galt	gälte, gölte	gegolten	gilt!
genießen 楽しむ		genoss	genösse	genossen	genieß[e]!

不定形	現在形	過去基本形	接続法2式	過去分詞	duに対する命令形
geschehen 起こる	es geschieht	geschah	geschähe	geschehen	なし
gewinnen 勝つ		gewann	gewönne (gewänne)	gewonnen	gewinn[e]!
gießen 注ぐ		goß	gösse	gegossen	gieß[e]!
graben 掘る	du gräbst er gräbt	grub	grübe	gegraben	grab[e]!
greifen つかむ		griff	griffe	gegriffen	greif[e]!
haben 持っている	du hast er hat	hatte	hätte	gehabt	hab[e]!
halten 支える・保つ	du hältst er hält	hielt	hielte	gehalten	halt[e]!
hängen 掛かっている		hing	hinge	gehangen	häng[e]!
heben 上げる		hob	höbe	gehoben	heb[e]!
heißen …という名前である		hieß	hieße	geheißen	heiß[e]!
helfen 手を貸す	du hilfst er hilft	half	hülfe	geholfen	hilf!
kennen 知っている		kannte	kennte	gekannt	kenn[e]!
klingen 響く		klang	klänge	geklungen	kling[e]!
kommen 来る		kam	käme	gekommen	komm[e]!
können …できる	ich kann du kannst er kann	konnte	könnte	können gekonnt	なし
laden 積む	du lädst er lädt	lud	lüde	geladen	lad[e]!
lassen …させる・放置する	du lässt er lässt	ließ	ließe	lassen gelassen	lass[e]!
laufen 走る	du läufst er läuft	lief	liefe	gelaufen	lauf[e]!

不定形	現在形	過去基本形	接続法2式	過去分詞	duに対する命令形
leiden 苦しむ		litt	litte	gelitten	leid[e]!
leihen 貸す・借りる		lieh	liehe	geliehen	leih[e]!
lesen 読む	du liest er liest	las	läse	gelesen	lies!
liegen 横たわっている		lag	läge	gelegen	lieg[e]!
mögen …かも知れない・好む	ich mag du magst er mag	mochte	möchte	mögen gemocht	なし
müssen …しなければならない	ich muss du musst er muss	musste	müsste	müssen gemusst	なし
nehmen 取る	du nimmst er nimmt	nahm	nähme	genommen	nimm!
nennen …と名づける		nannte	nennte	genannt	nenn[e]!
preisen 賞賛する		pries	priese	gepriesen	preis[e]!
raten 助言する	du rätst er rät	riet	riete	geraten	rat[e]!
reißen 引き裂く		riss	risse	gerissen	reiß[e]!
reiten 馬で行く・乗馬をする		ritt	ritte	geritten	reit[e]!
rennen 走る		rannte	rennte	gerannt	renn[e]!
riechen におう		roch	röche	gerochen	riech[e]!
rufen 呼ぶ		rief	riefe	gerufen	ruf[e]!
schaffen 創造する		schuf	schüfe	geschaffen	schaff[e]!
scheiden 分ける		schied	schiede	geschieden	scheid[e]!

不定形	現在形	過去基本形	接続法2式	過去分詞	duに対する命令形
scheinen 輝く		schien	schiene	geschienen	schein[e]!
schieben 押す		schob	schöbe	geschoben	schieb[e]!
schießen 撃つ		schoss	schösse	geschossen	schieß[e]!
schlafen 眠っている	du schläfst er schläft	schlief	schliefe	geschlafen	schlaf[e]!
schlagen 叩く	du schlägst er schlägt	schlug	schlüge	geschlagen	schlag[e]!
schließen 閉じる		schloss	schlösse	geschlossen	schließ[e]!
schmelzen 溶ける	du schmilzt er schmilzt	schmolz	schmölze	geschmolzen	schmilz!
schneiden 切る		schnitt	schnitte	geschnitten	schneid[e]!
schreiben 書く		schrieb	schriebe	geschrieben	schreib[e]!
schreien 叫ぶ		schrie	schriee	geschrie[e]n	schrei[e]!!
schreiten 歩く		schritt	schritte	geschritten	schreit[e]!
schweigen 黙る		schwieg	schwiege	geschwiegen	schweig[e]!
schwimmen 泳ぐ		schwamm	schwömme (schwämme)	geschwommen	schwimm[e]!
schwinden 消える		schwand	schwände	geschwunden	schwind[e]!
sehen 見える・見る	du siehst er sieht	sah	sähe	gesehen	sieh[e]!
sein (…で)ある	ich bin du bist er ist wir sind ihr seid sie sind	war	wäre	gewesen	sei!

不定形	現在形	過去基本形	接続法2式	過去分詞	duに対する命令形
senden 送る		sandte (sendete)	sendete	gesandt (gesendet)	send[e]!
singen 歌う		sang	sänge	gesungen	sing[e]!
sinken 沈む		sank	sänke	gesunken	sink[e]!
sitzen 座っている		saß	säße	gesessen	sitz[e]!
sollen …するべきだ	ich soll du sollst er soll	sollte	sollte	sollen gesollt	なし
sprechen 話す	du sprichst er spricht	sprach	spräche	gesprochen	sprich!
springen 跳ねる		sprang	spränge	gesprungen	spring[e]!
stehen 立っている		stand	stünde (stände)	gestanden	steh[e]!
stehlen 盗む	du stiehlst er stiehlt	stahl	stähle	gestohlen	stiehl!
steigen 上る・昇る		stieg	stiege	gestiegen	steig[e]!
sterben 死ぬ	du stirbst er stirbt	starb	stürbe	gestorben	stirb!
stoßen 突く	du stößt er stößt	stieß	stieße	gestoßen	stoß[e]!
streiten 喧嘩する		stritt	stritte	gestritten	streit[e]!
tragen 持ち運ぶ	du trägst er trägt	trug	trüge	getragen	trag[e]!
treffen 会う・当たる	du triffst er trifft	traf	träfe	getroffen	triff!
treiben 追い立てる		trieb	triebe	getrieben	treib[e]!
treten 踏む	du trittst er tritt	trat	träte	getreten	tritt!

不定形	現在形	過去基本形	接続法2式	過去分詞	duに対する命令形
trinken 飲む		trank	tränke	getrunken	trink[e]!
tun する		tat	täte	getan	tu[e]!
verderben 腐る	du verdirbst er verdirbt	verdarb	verdürbe	verdorben	verdirb!
vergessen 忘れる	du vergisst er vergisst	vergaß	vergäße	vergessen	vergiss!
verlieren 失う		verlor	verlöre	verloren	verlier[e]!
wachsen 成長する	du wächst er wächst	wuchs	wüchse	gewachsen	wachs[e]!
waschsen 洗う	du wäschst er wäscht	wusch	wüsche	gewaschen	wasch[e]!
weisen 指し示す		wies	wiese	gewiesen	weis[e]!
wenden 向ける		wandte (wendete)	wendete	gewandt (gewendet)	wend[e]!
werden …になる	du wirst er wird	wurde	würde	geworden worden	werd[e]!
werfen 投げる	du wirfst er wirft	warf	würfe	geworfen	wirf!
wissen 知っている	ich weiß du weißt er weiß	wusste	wüsste	gewusst	wisse!
wollen …しようと思う	ich will du willst er will	wollte	wollte	wollen gewollt	なし
ziehen 引く		zog	zöge	gezogen	zieh[e]!
zwingen 強制する		zwang	zwänge	gezwungen	zwing[e]!

―――― 付属CD ――――
◇吹 込 者： Marei Mentlein, Thomas Meyer
◇吹込箇所： 発音, キーセンテンス, 例文, Dialog,
　　　　　　 Übungen, 役に立つ表現
　　　　　　 なお, 各課のDialogはそれぞれ2回（ナチュラルスピード／ゆっくり）収録しています.

著者紹介
上村昂史（うえむら　たかし）
　　同志社大学ほか非常勤講師

寺澤大奈（てらさわ　だいな）
　　京都大学ほか非常勤講師

―――――――――――――――――――――――

ヴェスト　初級ドイツ語クラス（CD付）

　　　　　　　　　　　2017年 3月10日　第1刷発行
　　　　　　　　　　　2017年 4月20日　第2刷発行

　　　　　　　著　者 ⓒ　　上　村　昂　史
　　　　　　　　　　　　　寺　澤　大　奈
　　　　　　　発行者　　　及　川　直　志
　　　　　　　印刷所　　　研究社印刷株式会社

　　　　101-0052東京都千代田区神田小川町3の24
発行所　電話 03-3291-7811（営業部）, 7821（編集部）　　株式会社 白水社
　　　　http://www.hakusuisha.co.jp
　　　　乱丁・落丁本は，送料小社負担にてお取り替えいたします．

振替 00190-5-33228　　　　　　　　　　　　　　　株式会社島崎製本

ISBN978-4-560-06418-4
Printed in Japan

▷本書のスキャン, デジタル化等の無断複製は著作権法上での例外を除き禁じられています．本書を代行業者等の第三者に依頼してスキャンやデジタル化することはたとえ個人や家庭内での利用であっても著作権法上認められていません．